어디에나 있고 무엇이든 하는 알고리즘 이야기

Good morning Good night

'굿모닝 굿나잇'은 21세기 지식의 새로운 표준을 제시합니다.
이 시리즈는 (재)3·1문화재단과 김영사가 함께 발간합니다.

어디에나 있고 무엇이든 하는 알고리즘 이야기

1판 1쇄 인쇄 2024. 6. 21.
1판 1쇄 발행 2024. 6. 28.

지은이 문병로

발행인 박강휘
편집 임여진 | 디자인 정윤수 | 마케팅 백선미 | 홍보 이한솔, 강원모
본문 일러스트 최혜진
발행처 김영사
등록 1979년 5월 17일(제406-2003-036호)
주소 경기도 파주시 문발로 197(문발동) 우편번호 10881
전화 마케팅부 031)955-3100, 편집부 031)955-3200 | 팩스 031)955-3111

ISBN 978-89-349-3987-0 04300
      978-89-349-8910-3 (세트)

홈페이지 www.gimmyoung.com   블로그 blog.naver.com/gybook
인스타그램 instagram.com/gimmyoung   이메일 bestbook@gimmyoung.com

좋은 독자가 좋은 책을 만듭니다.
김영사는 독자 여러분의 의견에 항상 귀 기울이고 있습니다.

이 책의 본문은 환경부 인증을 받은 재생지 그린LIGHT에 콩기름 잉크를 사용하여 제작되었습니다.

어디에나 있고
무엇이든 하는
알고리즘 이야기

Algorithm

문병로 지음

문병로 교수의
재미있는 알고리즘 여행

김영사

3장 알고리즘은 어떻게 최적의 답을 찾는가?

알고리즘은 문제를 해결하는 절차에 관한 것이기도 하고 생각하는 방법에 관한 것이기도 하다. 21세기에 접어들기 전까지 알고리즘은 그 실용성을 제대로 평가받지 못했다. 하지만 인공지능 혁명과 더불어 지금은 상식적인 용어가 되었다. 단순한 계산부터 복잡한 신경망에 이르기까지 알고리즘은 광범위한 분야에 활용된다. 지금은 어린아이들도 코딩을 배워야 하는 시대인데, 이 코딩도 알고리즘과 밀접한 관련이 있다.

《어디에나 있고 무엇이든 하는 알고리즘 이야기》는 알고리즘에 대해 이해하기 쉽고 재미있게 설명하는 것을 목표로 했다. 1장에서는 '알고리즘이란 대체 무엇인가?'라는 질문에 답한다. 알고리즘은 광활한 문제 공간을 여행하는 교통수단과도 같다. 알고리즘으로 어떤 문제를 풀 수 있을까? 가장 기본적인 알고리즘은 어떤 것인가? 알고리즘 기술을 둘러싸고 어떤 갈등이 벌어지고 있을까? 알고리즘의 기본 개념과 이를 둘러싼 여러 이야기를 다룬다.

2장에서는 알고리즘 분야의 선구자들을 소개한다. 최초의 컴퓨터를 개발했던 앨런 튜링, 컴퓨터부터 문학까지 다방면에 걸친 업적을 남긴 도널드 커누스 같은 천재들부터 심리학자이지만 생물정보학의 토대를 다진 낸시 웩슬러, 64세의 나이로 인공지능 혁명을 촉발시킨 제프리 힌턴 등 다양한 인물들의 이야기를 통해 알고리즘이라는 분야를 좀 더 깊게 이해할 수 있다. 이들의 일화를 통해 알고리즘의 실용성도 드러내 보이고자 했다.

3장에서는 알고리즘과 관계있는 주제 중 재귀와 머신러닝, 유전 알고리즘, 트랜스포머 어텐션 등 독자들이 재미있어할 만한 것과 최근의 '핫이슈'들을 담았다. 생소한 용어도 있을 것이다. 하지만 현재 그리고 미래의 핵심 기술이니 꼭 알아두었으면 한다.

처음에는 알고리즘 전반을 아우르는 꽤 방대한 주제를 다

룰 예정이었다. 집필을 진행하다 보니 필자의 필력으로는 도저히 간명하게 설명할 수 없는 주제도 많았고, 지나치게 어려운 주제도 많았다. 지면도 제한적이었다. 시행착오를 거쳐 일부 주제를 골라 부분적 얼개를 짜는 것으로 방향을 잡았다. 알고리즘 교양서로서 다뤘으면 좋았겠지만 빠진 주제들이 많다. 하지만 한편으로는 전통적 알고리즘 전공서에서 다루지 않던 주제도 포함시켰다. 예를 들어, 인공지능의 대표적 갈래인 신경망은 전통적 알고리즘 전공서에는 포함되지 않던 주제다.

인공지능은 알고리즘투성이다. 그런데 사실 사람도 마찬가지다. 알고리즘은 결국 생각하는 방법에 관한 학문이기 때문이다. 알고리즘의 역사는 최적화 문제투성이인 이 세상에서 최적의 답을 찾고자 하는 우리들 노력의 역사다. 독자들이 이 책을 통해 알고리즘에 대한 흥미와 단편적인 지식을 얻어갈 수 있기를 기원한다.

Good
morning
Good
night

알고리즘이란
무엇인가?

1
아랍에서 시작된
알고리즘

알고리즘이란 단어는 무함마드 이븐 무사 알 콰리즈미 Muḥammad ibn Mūsā al-Khwārizmī라는 이슬람 과학자의 이름에서 유래했다. 그는 9세기 이란의 아바스 왕조 시대 사람으로, 대수학의 고전에 해당하는 책을 썼다. 알 콰리즈미는 콰리즘 지역 출신이라는 뜻이다. 콰리즘은 지금의 우즈베키스탄에 해당하는 지역으로 조로아스터교의 발원지이기도 하다. 당시에는 이란 왕국에 속해 있었다.

알 콰리즈미의 저서를 라틴어로 번역하면서 이름이 고유명사화되어 'Algoritmi'로 표기됐고, 프랑스어의 'Algorithme'를 거쳐 영어의 'Algorithm'이 됐다. '~에서'라는 뜻인 '알'은 그대로 남고 '콰리즈미'는 '고리즘'이 된 것이다.

알 콰리즈미의 대수학 책을 해외에서 번역하는 과정에서 생겨난 알고리즘이란 용어는 20세기 전까지 오늘날 알고리즘과의 유사성은 미미했다. 그러다 1930년대에 앨런 튜링이 대수학적 관점에서 계산 가능성computability에 관한 논문을 썼다. 여기서 '논리적, 절차적 과정'에 대한 체계적 접근법이 제안됐다. 이것은 현대 컴퓨터 계산 이론의 중요한 기반이 됐는데, 여기에 현대의 알고리즘적 요소가 많이 포함돼 있었다.

이 무렵 알고리즘이란 용어가 대수학적 의미에서 체계적 절차를 의미하는 방향으로 전환됐다. 1940년대에는 현재의 '입력으로부터 출력을 만들어내는(또는 문제를 해결하는) 과정을 애매하지 않게 기술한 것'에 가까운 의미를 지니게 됐다.

이런 역사적 사정으로 대수적 절차의 향기가 나는 주제가 초기 알고리즘의 주류였다. 필자가 처음으로 알고리즘을 배우던 1980년대만 해도 대수학의 체계적 사고 과정이 조합론 등으로 확장되는 정도의 느낌이었다. 알고리즘은 컴퓨터 수학처럼 여겨져 그다지 실용적인 학문으로 간주되지 않았다. 정리와 증명, 즉 연필과 종이만으로도 석·박사 학위를 취득하는 것이 가능했다.

아직도 컴퓨터 이론 깊숙한 곳에는 알 콰리즈미에서 이어진 대수학의 그림자가 남아 있고 수학적 사고는 여전히 알고리즘에서 중요한 부분을 차지한다. 다만, 시대가 바뀌어 알고리즘은 다른 분야에 골고루 개입하는 전공이 됐다. 생물정보학, 반도체 디자인, 분산처리, 인공지능artificial intelligence 등 많은 실용적 응용 분야에 알고리즘이 끼어든다.

더 알아보기: 문화의 발상지, 아랍

중국과 유럽 중심의 세계사에 익숙한 우리는 이슬람과 인도 문명은 다소 경시하는 경향이 있다. 그러나 튀르크와 아랍, 인도의 역사를 빼면 세계사의 3분의 1이 빠진다(이슬람의 굵은 줄기인 튀르크는 중앙아시아에서 발원한 흉노가 이합집산하면서 서쪽으로 뻗어나간 것으로 보인다. 이들이 동로마제국을 무너뜨리고 지금의 튀르키예를 세운다). 아랍 지역에는 수메르, 메소포타미아 문명, 페니키아, 페르시아, 이란 왕국으로 이어지는 찬란한 문명이 있었다.

최초의 문명인 메소포타미아 문명의 발원지는 지금의 바그다드 부근이다. 여기에서 최초의 문명국가라 할 수 있는 수메르가 탄생했다. 이슬람과 기독교, 유대교의 공통 조상인 아브라함의 출신지로 알려진 우르도 메소포타미아 지역의 도시다. 이처럼 고대 아랍은 세계 최고의 문명지였다.

기원전 264~146년 로마는 카르타고(지금의 튀니지)와의 세 차례에 걸친 전쟁으로 카르타고를 철저히 파괴해버리는데 이 전쟁의 이름이 포에니Poeni전쟁이다. 포에니는 페니키아Phoenicia를 의미한다. 카르타고와 벌인 전쟁에 포에니전쟁이라는 이름을 붙인 이유는 카르타고가 페니키아의 상업적 기지였기 때문이다.

페니키아 문명의 범위는 지금의 레바논과 시리아 서부 연안에 해당한다. 메소포타미아 문명의 '비옥한 초승달' 지대 끝자락에 위치한 데다 지중해를 접해 상업이 발달했던 페니키아는 거의 지중해 전역을 아우르는 어마어마한 상업적 네트워크를 형성했다. 이에 따라 복잡한 거래 내용을 기록할 필요가 생겼고, 결국 페니키아문자가 탄생했다. 한글을 제외한 대다수 표음문자의 근원은 페니키아문자다. 페니키아 바로 아랫동네에서는 오늘날 대표적인 종교를 탄생시킨 유대교가 발원했다.

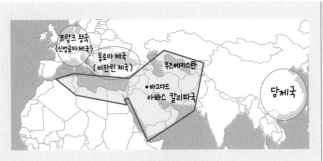

9세기 제국들의 대략적인 영역.

로마제국의 광영이 시든 중세에 아랍은 다시 세계 최고의 문명 지역으로 부상했다. 위 그림은 알 콰리즈미가 활동하던 9세기에 세계를 대표하던 네 국가의 영역이다. 시들어가던 프랑크 왕국(신성로마제국), 동로마제국(비잔틴제국), 당나라, 그리고 이란 왕국이다. 비옥한 초승달 지역이라 불리던 바그다드 근처의 메소포타미아 지역을 제외하고는 대부분이 척박한 땅에서 찬란한 문명이 피어났다.

지금의 중동을 보면 그 동네에 세계를 대표하는 문명이 있었을까 싶지만 그런 조상들이 엄연히 존재했고, 우리는 지금 그중 하나의 이름으로부터 유래한 분야에 대해 이야기를 시작하려 한다.

2
답을 찾아가는
효율적인 교통수단

우주에는 은하가 적어도 수천억 개 있고 각각의 은하에는 평균 수천억 개의 항성(태양처럼 빛을 내는 별)이 있다. 우리가 밤하늘에서 별이라고 생각하는 것 하나하나는 실제로 대부분 수천억 개의 별로 구성된 하나씩의 은하다. 우리 지구는 수천억 개의 은하 중 하나에 있는 약 4,000억 개의 태양 중 하나에 붙은 혹 같은 존재다.

우리의 태양은 우리 은하 중심에서 빛의 속도로 2만 8,000년 걸리는 변두리에 있는 항성이다. 우리 지구는 그 태양에 붙은 혹이다. 우주상의 위치로 보면 참 보잘것없다. 신이 이 보잘것없는 지구에 있는 인간을 우주의 주인공으로 설계했다는 믿음은 모든 별이 우리 지구를 중심으로 머리 위에서 돌아간다고 생각하던 시절에나 어울린다. 세상이 흙, 물, 불, 공기로 이루어져 있다고 믿던 시대 사람들의 상상력이 만들어낸 서사다.

어려운 문제도 각자의 공간을 만든다. 이렇게 거대한 우주는 아무것도 아닐 정도로 복잡한 공간을 가진 문제가 널렸다. 문제에는 다양한 해(답)가 있고 이 해들은 공간을 이룬다. 평지와 골짜기, 봉우리로 이루어진 공간에 해들이 흩어져 있다. 하나의 해는 공간의 한 점이다. 우리는 그중 품질이 가장 높은 해를 찾으려 한다.

알고리즘은 이런 공간에서 가장 높은 봉우리를 찾아 나선다. 알고리즘은 공간을 여행하는 교통수단이다. 알고리즘의 설계자들은 저마다의 수준에 맞는 교통수단(알고리즘)을 설계해 이 공간으로 내보낸다.

우주보다 더 방대한 공간을 지닌 문제의 예로 '여행하는 세일즈맨 문제traveling salesman problem'가 있다. 세일즈맨이 고객을 모두 방문하고 돌아오는 가장 짧은 경로를 찾는 것이다. 컴퓨터과학의 유명한 난제로 TSP라 부른다. 미국 클레이수학연구소의 21세기 7대 난제 중 하나가 이 TSP가 속한 NP-완전이라는 문제 그룹과 관계있다.

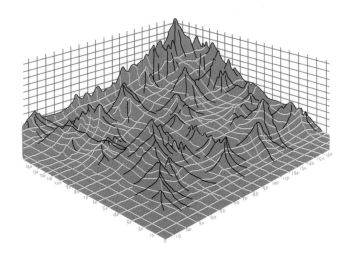

단순한 문제 공간의 예.

　가정에 따라 달라지지만, 고객이 10명이면 TSP가 만드는 공간에는 봉우리가 평균 4개 정도 있다. 고객이 20명이면 봉우리가 평균 170개 정도 있다. 170개의 봉우리 중 가장 높은 것을 찾는 문제다. 쉽다.

　그런데 고객이 100명이면 봉우리는 3경 4,000조 개 정도로 늘어난다. 폭발적인 증가 속도다. 3경 4,000조 개의 태양이 있는 우주와 견줄 만하다. 100명짜리 문제의 공간이 이런데 고객이 1,000명으로 늘면 상상을 초월하는 공간이 된다. 30여 년 전만 해도 감당 불가능한 문제였는데 요즘은 그리 어렵지 않게 최고봉을 찾아낸다.

알고리즘 훈련이 되지 않은 인력이 이 문제를 푼다면 모든 경우를 따져 가장 좋은 것을 찾을 것이다. 이런 방식으로 필자의 책상에 있는 PC를 가동하면 고객이 25명일 경우 300억 년이 걸린다. 27명이 되면 1조 년을 넘긴다. 27명짜리 문제가 이 정도인데 8,000명짜리 문제의 최고봉을 찾아 나서는 여행은 어떨지 생각해보라. 이런 어마어마한 공간에서 알고리즘이 최고봉을 찾고 그 결과가 맞는다는 것을 운 좋게 확인할 수 있는 경우도 있다. 결과를 보고도 믿기 힘들 정도로 신기하다.

봉우리들은 골고루 흩어져 있지 않고 우주의 은하처럼 여기저기 군집을 이룬다. 군집 수가 어마어마해서 시간을 충분히 주어도 극히 일부만 볼 수 있다. 지형도 험준하고 복잡하다. 그래서 연구자들이 같은 문제에 대해서도 코끼리를 만지는 장님들처럼 각자의 관점에서 보게 된다. 이 공간을 잘 이해할수록 좋은 알고리즘을 만들 가능성이 크다. 이런 문제 공간의 특성을 연구하는 것도 알고리즘 분야에서 꼭 필요하지만 아직 연구가 충분히 이뤄지지 않았다.

이런 방대한 공간을 여행하는 알고리즘은 전체 중 턱없

이 일부만 보고는 어림셈을 할 수밖에 없다. 그래서 컴퓨터 과학의 난제 대부분을 푸는 기술의 핵심은 어림셈이다. 반도체 공장 라인에도, 금융 투자 회사에도 이런 문제가 있다. 택배 회사의 고객 할당과 배달 일정 관리도 그런 난제다. 알파고도 대표적인 어림셈 알고리즘이다.

과학자와 엔지니어는 물론이고 기업의 경영자나 임직원은 우선 주변에서 이런 문제의 존재를 감지할 수 있는 기술적 감수성을 가져야 한다. 그래야 문제를 발견하고 알고리즘을 만들거나 의뢰할 수 있다. 그런 난제가 있는 곳에서 관련자들이 문제의 존재를 전혀 감지하지 못하는 경우가 흔하다.

쏟아지는 데이터는 새로운 문제를 만들고 문제는 새로운 공간을 만든다. 무궁무진한 공간 여행의 시대가 왔다.

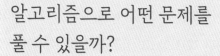

3
알고리즘으로 어떤 문제를
풀 수 있을까?

인류의 기원

인류의 조상은 어디서 왔을까? 세계 각지 인류의 미토콘드리아 DNA 서열로부터 가장 확률이 높은 유전적 계통도를 만들어보니 인류는 아프리카의 한 지방에서 시작됐을 것으로 추정됐다. 이른바 '아프리카의 이브'다. 알고리즘으로 인류의 시조를 찾은 것이다.

최단 경로 찾기

자동차에서 사용하는 내비게이션에서 가장 중요한 기능은 두 지점 사이 최단 시간 경로를 찾는 것이다. 주행 시 실시간으로 최단 경로를 찾아야 한다. 어느 지점에서 최단 경로를 찾을 때 30초 후 경로가 계산되어 나온다면 자동차가 이미 다른 길로 접어들었을 수도 있다. 이 경로는 대학 알고리즘에서 배우는 최단 경로 알고리즘을 변형해서 찾는다.

배치

신도시를 설계할 때 가스관이나 수도관을 어떻게 배치하는 게 가장 효율적일지, 사막의 여러 유정에서 석유를 채취할 때 송유관을 어떻게 설계하는 게 가장 효율적일지 하는 문제도 알고리즘으로 해결할 수 있다.

ATM 관리

현금자동입출기ATM는 은행뿐 아니라 편의점 혹은 지하철역에도 설치되어 있다. 은행이 ATM을 설치하는 것은 당연하고, 은행이 아닌 기업이 상업적으로 설치하고 운용하는 ATM도 있다.

어떤 회사는 300억 원의 자금으로 3,000여 대의 ATM을 운용한다. 고객이 ATM에서 돈을 찾으려는데 기계 안에 돈이 하나도 없다면 수수료 수입이 줄어들고, 이런 일이 잦으면 회사의 평판이 떨어진다. 반대로 기계에 돈이 필요 이상으로 많이 남아 있다면 자금 운용 효율이 떨어진다. 그런데 한 기계에 돈을 채워 넣기 위해 외주 인력 팀이 한 번 방문하면 건당 수만 원의 비용을 지불해야 한다.

언제 어떤 기계에 돈을 얼마나 채워 넣을 것이며, 외주 인력은 어떤 순서로 이 기계들을 방문할 것인가? 여기에는 스케줄링을 비롯해 알고리즘으로 해결해야 할 문제가 포함되어 있다.

DNA 서열 분석

인간이나 다른 생물체의 DNA 서열을 파악하는 것은 생물정보학의 대표적 과제였다. 해당 연구를 할 때는 DNA를 먼저 아주 잘게 자른다. 분석 기계가 DNA를 한꺼번에 읽을 수 없기 때문이다. 또 서로 다른 위치에서 자른 여러 조각에 같은 부분이 포함되도록 DNA를 중복시킨다. 이렇게 하면 DNA가 어디서 잘렸는지 알 수 있다. 이런 조각 서열을 먼저 읽은 다음 최적으로 이어 붙이는 방법을 찾는다. 이것을 DNA 서열 문제라 하는데 알고리즘이 기여한 대표적 문제 중 하나다.

처음으로 한 사람의 DNA 전체를 알아내는 데는 3조 원

가까운 자금이 소요됐다. 요즘은 장비와 알고리즘이 발전해 100만 원 정도밖에 들지 않는다.

단백질 3차원 구조 예측

유전자는 대개 단백질 하나와 대응된다. 그리고 이러한 단백질의 특성은 단백질의 3차원 구조에 따라 결정된다. 특정 단백질의 아미노산 서열이 주어졌을 때 이것이 만드는 3차원 구조를 알아내는 일은 생물학계에서 천년의 도전이라 할 정도로 어려운 문제였다.

1992년부터 격년으로 대회를 열어 경합해왔는데 2016년까지의 정확성 최고 수준은 40% 정도였다. 그러다 2020년에 구글 딥마인드에서 88%를 넘는 기록으로 우승하면서 이 문제를 거의 정복하다시피 했다. 인공신경망에서 트랜스포머라는 알고리즘과 역전파라는 에러 보정 알고리즘, 빠른 수행을 위한 병렬처리 알고리즘 등이 결합되어 이루어낸 결과다.

검색 색인

인터넷에는 수십조 페이지 이상의 데이터가 존재한다. 이

데이터 중 원하는 검색 결과를 최대한 빠르고 만족스러운 품질로 제공하려면 아주 고난도의 알고리즘이 필요하다. 이를 위해 검색엔진은 전 세계 자료를 훑어 미리 색인을 만들어둔다. 색인을 만들고 검색하는 것은 자료구조와 알고리즘의 중요한 주제 중 하나다.

구글 같은 기업은 전 세계의 검색 요구를 소화하기 위해 색인을 중복·분산시켜 가장 효율적인 대답 경로를 계산한 다음 유저에게 답변을 제시한다. 또 자료를 쉴 새 없이 확인하면서 변경 사항이 생기면 색인을 업데이트한다. 알고리즘의 종합예술 같은 것이라 할 수 있다.

순서 결정

신용카드 회사에서는 매달 우편이나 이메일로 1,000만 명 이상의 고객에게 사용 내역을 통보한다. 기업은 전 직원에게 매달 월급을 송금하고 이 사실을 데이터베이스에 기록한다. 이런 작업은 순차적으로 진행하므로 대상이 되는 사람들을 어떤 순서로 처리할지 결정해야 한다. 이것 또한 자료구조와 알고리즘의 중요한 주제다.

공정 설계

물건 하나를 만들더라도 그 공정은 여러 작업으로 구성된다. 만약 A라는 작업을 B 작업이 끝나야 시작할 수 있다면 둘 사이에 선후관계가 성립한다. 작업 간에는 선후관계가 존재하기도 하고, 그렇지 않기도 한다. 여러 선후관계를 만족시키면서 공정을 진행하려면 각 작업을 어떤 순서로 진행해야 할까? 이 문제는 대부분 알고리즘 과목에서 배우는 위상 정렬 알고리즘과 관계있다.

반도체 디자인

하나의 반도체 칩에는 수백억 개의 게이트가 존재하기도 한다. 이런 방대한 칩을 수동으로 설계하는 것은 불가능하기에 게이트의 배치와 게이트 간의 논리적 연결 구조를 자동 설계 프로그램으로 디자인한다. 클록(논리 회로가 움직이는 단위 시간을 조절하는 신호)을 기다리는 수많은 장소에 가능하면 시차가 없도록 클록을 공급하는 일도 마찬가지다. 이런 복잡하고 다양한 디자인 작업을 지휘하는 것이 알고리즘이다.

알고리즘의 산업적 수요가 그리 많지 않던 시절에 반도체 자동 설계 회사들이 알고리즘 전공자를 가장 많이 수용했다.

인공지능 개발

요즘 인기 있는 딥러닝이나 생성형 인공지능도 거대한 알고리즘의 집합소다. 기본적으로 효율적인 행렬 곱셈과 에러 보정 알고리즘이 필요하다. 또 처리할 데이터가 예전과 차원이 다르게 커지면서 제한된 메모리를 최대한 효율적으로 활용하는 알고리즘 연구가 많이 이뤄지고 있다.

4
알고리즘의 토대,
자료구조

알고리즘은 입력을 그대로 작업하는 경우도 있고 입력을 문제 해결에 어울리는 형태로 바꾸거나 입력을 담을 수 있는 특수한 구조에서 작업하기도 한다. 비유하면 적당한 부품과 모듈을 사용해 건축물을 짓는 것과 비슷하다. 이런 역할을 하는 부품과 모듈에 해당하는 것을 자료구조라 한다. 자료구조는 대학에서 한 학기 동안 배워도 부족할 정도로 다양하고 깊이 있지만 여기서는 가장 기본적인 몇 가지만 맛보기로 소개한다.

배열

가장 기본적인 자료구조는 배열이다. 이는 여러 데이터를 연속된 공간에 배치해놓는 것이다. 모든 프로그래밍 언어는 배열 또는 그와 유사한 자료구조를 제공한다. 배열에 원소를 저장한 다음 정렬하는 것이 배열을 사용하는 대표적인 예다. 자료를 배열 구조에 저장한 상태로 작업하는 알고리즘은 아주 많다. 아래 그림은 배열에 수들이 저장된 한 예다.

| 10 | 35 | 7 | 20 | 15 | 17 | 1 | 33 | 5 | 17 |

리스트

리스트가 무엇인지는 설명할 필요가 없을 것이다. 앞에서 소개한 배열도 리스트 중 하나다. 리스트를 관리하기 위해 배열을 사용할 수도 있고, 원소를 링크로 관리할 수도 있다. 링크로 원소를 관리하는 자료구조를 연결 리스트linked list라고 한다. 다음 그림은 연결 리스트의 예와 연결 리스트에서 원소를 삽입·삭제하는 예를 하나씩 보여준다.

파이선 언어는 리스트 자료구조를 언어에서 제공한다. 그 하부에서는 배열을 이용해 구현하는데 사용자는 그 안이 어떻게 이루어져 있는지 알 필요는 없다. 그냥 '리스트'라고 생각하고 사용하면 된다. 파이선 리스트는 여러 함수를

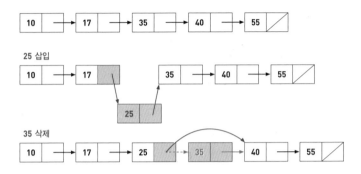

준비해두고 사용할 수 있게 한다. 예를 들면 원소 삽입하기, 원소 삭제하기, 원소 찾기, 리스트 2개 합치기, 리스트에서 원소 찾기 등 많은 유용한 기능을 제공한다.

파이선 리스트는 배열을 추상적 관점에서 사용하도록 관점을 한 단계 높인 것이다. 이런 것을 추상화 레벨이 한 단계 높아졌다고 한다.

배열은 연속된 공간을 점유해야 해서 사용하기 전에 미리 메모리 공간을 할당받고 시작해야 한다. 문제는 리스트가 얼마만큼 커질지 사전에 알 수 없다는 것이다. 공간을 충분히 받아놓으면 모자라는 일이 없지만 낭비하는 공간이 생기기 쉽다. 그래서 처음에 적당한 크기의 공간을 할당한 다음, 꽉 차면 추가로 공간을 받는다. 이때 불편이 발생한다.

배열은 모든 언어에서 연속된 공간에 두고 처리한다. 그래야 k번째 원소에 접근할 때 단순히 시작 원소에서 그 차이만큼을 계산해 순식간에 접근할 수 있다. 그런데 프로그램이 수행되면서 다른 배열, 변수, 인자 등도 컴퓨터 메모리를 사용하므로 어느 배열에 추가 공간이 필요할 때 바로 뒷공간이 비어 있다는 보장이 없다.

만약 공간이 없다면 필요한 추가 공간을 합한 만큼 새 공간을 할당받아야 한다. 그렇게 되면 저장 위치가 바뀌었으므로 이미 저장되어 있던 리스트의 원소는 모두 옮겨 써주어야 한다. 번거로운 작업이다. 이런 일이 잦으면 아주 불편하다. 파이선 언어는 나름대로 이런 비효율을 완화하는 여러 아이디어를 포함하고 있다. 그렇지만 근본적으로 배열은 이 문제에서 완전히 자유롭지 못하다.

이런 배열의 문제점을 피하려고 만든 것이 연결 리스트다. 연결 리스트는 원소 하나당 하나의 '노드'를 만든다. 다음 원소가 들어오면 앞 노드가 다음 노드를 링크한다. 이 링크를 포인터, 레퍼런스 등으로 부른다. 이렇게 하면 각 노드가 연속된 공간에 있을 필요가 없다. 필요할 때마다 새 노드를 할당받아 이미 존재하는 리스트에 링크시키면 된다.

이 방식에도 불편은 있다. 리스트에서 k번째 원소에 접근할 때 k-1개의 링크를 따라간 다음 k번째 원소를 만나게 된다. 배열이 단순한 위치 계산으로 순식간에 k번째 원소에 접근하는 것에 비해 시간이 걸린다. 이런 장단점이 있으므로 상황에 따라 어울리는 자료구조를 택하게 된다.

스택

식당에서 식판 더미가 쌓여 있을 때 식판을 하나 쓰려면 가장 위에 있는 것을 가져간다. 새 식판을 추가할 때도 가장 위에 쌓는다. 자료를 처리할 때도 이런 식으로 처리해야 하는 경우가 아주 많다. 이런 방식으로 데이터를 다루는 자료구조를 스택stack이라 한다.

다음 그림은 스택의 예다. 빈 스택에 원소 15, 20, 30, 10이 삽입된다. 삽입할 때는 스택의 맨 위에 원소를 쌓는다. 이 상태에서 하나를 삭제하라고 하면 무조건 가장 위에 있는 원소를 삭제한다. 그 결과 최근에 삽입된 10이 삭제된다. 이 상태에서 다시 원소 7과 3이 삽입됐다. 이때 내용을 알려달라고 하면 무조건 가장 위 원소를 알려준다. 여기서는 3이다. 그런 다음 삭제 작업을 한 번 더 하면 3이 삭제된다.

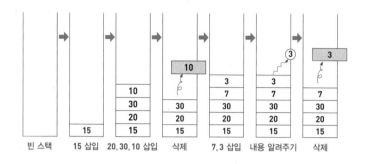

| 빈 스택 | 15 삽입 | 20, 30, 10 삽입 | 삭제 | 7, 3 삽입 | 내용 알려주기 | 삭제 |

스택은 아주 유용하다. 특히 컴퓨터 시스템에서 프로그램 수행을 관리할 때 없어서는 안 되는 자료구조다. 프로그램에서 어떤 함수를 수행할 때 그 함수가 끝나지 않은 상태에서 다른 함수를 호출하는 경우가 많다. 프로그램 수행 중 호출되어 아직 끝나지 않은 함수들은 모두 스택에 저장된다. 새 함수에는 이 함수 안에서만 접근할 수 있는 변수가 있다. 이것을 지역변수라 한다(지역변수와 반대되는 것은 전역변수로, 프로그램의 모든 부분에서 접근할 수 있는 변수다).

함수 A가 호출되면 자신의 작업 상태를 스택에 저장한다. 이 상태는 지역변수와 함수 호출 때 넘겨받은 인자로 구성된다. 이 함수의 수행이 끝나면 스택에서 해당 부분은 지워진다. 만일 함수 A가 끝나지 않은 상태에서 함수 B를 호출하면 함수 B의 상태가 스택 가장 위에 새로이 삽입된다. 함수 B는 끝나면 스택에서 지워지고 스택 가장 위에는 함수 A가 남는다. A가 B를 호출해서 수행이 끝나고 나면 A의 환경으로 돌아와 작업을 할 수 있게 되는 것이다.

이런 식으로 함수가 함수를 부르는 체인은 매우 깊어질 수도 있다. 끝나지 않은 상태로 수백 개의 함수가 호출된다면 호출된 순서대로 스택에 쌓인다. 재귀 함수(같은 논리 구조가 반복되는 함수)도 마찬가지다. 이름이 같은 함수라 해도 자신이 자신을 호출하면 다른 함수처럼 취급해 새 함수 정보를 스택 가장 위에 저장하고 시작한다.

키보드에서 최근에 타이핑한 심벌을 지우려고 백스페이스 키를 누르면 입력한 것과 반대 순서로 지워진다. 이 삭제 작업도 컴퓨터가 내부에서 스택을 이용해 데이터를 저장해 두었기 때문에 잘 처리할 수 있다.

스택에서는 가장 최근에 저장된 데이터만 접근할 수 있다. 그래서 스택을 리포LIFO라는 별칭으로 부른다. Last-In-First-Out, 즉 마지막으로-들어간 것이-처음으로-나오는 구조다.

큐

마지막으로 들어간 것이 처음으로 나오는 스택은 어떤 대상을 서비스하는 데 사용하기에는 부적합하다. 은행에서 대기표를 뽑고 기다리는 고객들을 응대할 때는 먼저 들어온 고객에게 먼저 서비스를 제공해야 한다. 마트에서 계산을 기다리는 고객을 응대할 때도 마찬가지이고, 고객 서비스 부서에 걸려온 고객 전화를 받을 때도 마찬가지다.

이런 상황에서 작업을 차례대로 처리할 수 있도록 하는 자료구조가 큐queue다. 큐에 데이터를 저장할 때는 가장 뒤에 저장하고, 큐의 데이터에 접근할 때(삭제하거나 원소의 내용을 알고자 할 때)는 가장 앞 원소에만 접근 가능하다. 민주적인 자료구조라 할 수 있다.

큐는 피포FIFO라는 별칭으로 부른다. First-In-First-

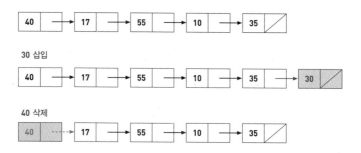

Out, 즉 처음-들어간 것이-처음으로-나오는 구조다.

검색트리

아래 그림은 기본적인 색인에 속하는 이진검색트리의 예다. 가장 위에 있는 원소를 루트(뿌리)라 한다. 20이 루트다. 트리에서 20보다 작은 원소는 모두 20 왼쪽에, 20보다 큰 원소는 모두 20 오른쪽에 매달려 있는 것을 볼 수 있다. 20 왼쪽으로 내려가면 10이 매달려 있고, 10보다 작은 원소는 10 왼쪽에, 10보다 큰 원소는 10 오른쪽에 매달려 있는 것을 볼 수 있다. 이런 규칙으로 원소를 저장한다.

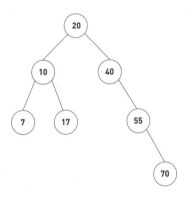

만일 그림의 이진검색트리에 원소 35를 삽입한다면 35는 20보다 크므로 오른쪽으로 내려가고 40보다 작으므로 왼쪽

으로 내려가면 아무것도 없으므로 거기 매단다. 나중에 원소를 찾아볼 때는 삽입할 때와 같은 원리로 왼쪽 또는 오른쪽으로 분기해간다. 내려가다 원소를 만나면 성공적으로 검색된 것이고, 아무것도 없는 곳을 만나면 그 원소는 이 트리에 없다고 판단한다.

위 예와 같이 최대 2개로 분기하는 검색트리를 이진검색트리라 한다. 반면 2개보다 더 많이 분기할 수 있는 검색트리도 있는데 이를 다진검색트리 또는 K진검색트리라 한다. 2,000개 정도로 분기하는 트리도 있다. 검색트리는 다양하고 연구가 많이 된 자료구조다. 제대로 설명하려면 아주 많은 공간이 필요하지만 여기서는 이 정도만 소개한다.

그래프

이 세상은 온통 관계투성이다. 사람들 사이의 친분, 인터넷 사이트의 하이퍼링크, 기업 간의 거래 관계, 소비자 사이의 행동 패턴 유사성 관계, 어휘의 상관관계, 뉴런(신경세포) 간의 연결 관계 등이 있다. 우리가 하는 공부의 대부분은 대상 간의 관계에 관한 것이다.

대상 간의 관계를 이용해 가치 있는 결과물을 만들기 위해서는 관계를 표현할 수 있는 수단이 필요하다. 이것이 그래프다. 그래프는 정점과 간선으로 이루어진다. 정점은 대상이나 개념 등이고 간선은 이들 간의 관계를 나타낸다.

다음은 그래프의 예다. 위 그래프는 사람 간의 관계를 나타내고, 아래는 지점 간의 거리를 나타낸다. 지점 간 최단 경로를 구할 때 아래의 것과 같은 그래프를 사용한다.

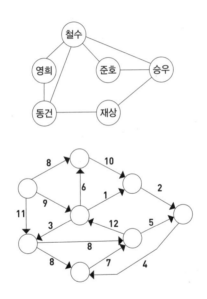

그래프로 표현해 문제를 풀려면 그래프를 프로그램이 이해할 수 있는 방법으로 나타내야 한다. 행렬, 리스트, 배열 등 그래프를 나타내는 데는 다양한 방법이 있다.

5
치열해지는 인공지능과 알고리즘 경쟁

미국이 첨단 기기와 장비가 중국으로 유입되는 것을 막고 있다. 제한되는 첨단 기기와 장비의 범위도 점점 넓어지고 있다. 미국은 원래 자유무역의 상징과 같은 나라였다. 그런 미국이 왜 이렇게까지 하는 걸까? 이것은 연산 능력과 연산 능력의 공급망과 관련이 있다.

미래를 이끌 인공지능

앞으로 기술 시대를 이끌 핵심 기술의 이름을 단 하나만 든다면 인공지능이다. 10년 전만 해도 몇몇 사람들이 이렇게 예측하는 정도였는데 지금은 모두 동의하는 사실이 됐다. 거의 모든 기술 분야에서 인공지능 없이는 기술을 논하

기 힘들어졌다. 미국의 경우 국방 분야가 대표적이다. 지금
도 그렇지만 앞으로 첨단 무기에는 더욱 고도의 인공지능
기술이 적용될 것이다. 엄청난 연산력이 필요한 고난도 기
술이 포함되어, 무기 하나에 예전 슈퍼컴 수준의 컴퓨팅이
필요한 수준까지 갈 수 있다.

컴퓨터 분야에서도 그렇다. 적어도 수십 개로 나눌 수 있
는 컴퓨터 분야의 모든 전공이 급속히 재편되고 있다. 인공
지능을 빼놓고는 기술적 진보를 논할 수 없을 정도다. 알고
리즘 분야도 마찬가지다. 원래 인공신경망 같은 기술은 별
것 없다고 우습게 여기던 필자도 딥러닝의 무서운 잠재력
을 감지하고는 그 트렌드에 맞게 연구 개발 관심을 조정할
수밖에 없었다. 인공지능에 알고리즘이 긴밀하게 사용되기
도 하고, 알고리즘 분야의 최적화 문제에 인공지능이 사용
되기도 한다.

인공지능의 3대 핵심 요소

인공지능 기술의 3대 핵심 요소는 데이터, 알고리즘, 연산
력이다. 인공지능의 알고리즘은 행렬과 벡터, 미분, 확률과
통계, 최적화 기술 등이 어우러진 종합예술이다. 알고리즘

은 3대 핵심 요소 중 가장 많이 민주화됐는데 일부 결정적 알고리즘과 구현 코드는 비공개 상태지만 이를 제외한 알고리즘과 코드는 거의 공개되어 있다. 물론 공개된 것이라고 해서 공부를 하지 않아도 되는 것은 아니다.

데이터는 공개된 것도 있고 비공개인 것도 있다. 각자가 쓰는 데이터는 공개 데이터를 많이 포함하지만 전체 데이터 집합이 어떻게 구성됐는지는 대개 영업 비밀이다. 중국은 개인의 프라이버시에 대한 개념이 약해 개인 데이터를 수집하기에 가장 유리한 환경이다. 반면 폐쇄적인 환경이라 중국에서 수집할 수 있는 데이터는 미국 같은 국가에서 수집하는 데이터에 비해 질이 떨어질 수밖에 없다.

데이터와 알고리즘이 갖추어져도 연산력이 갖추어지지 않으면 소용없다. 연산력은 컴퓨팅 능력을 말한다. 대표적 연산력은 병렬 컴퓨팅이다. 인공지능 알고리즘이 사용하는 연산 규모가 15년 전에 비해 적어도 백만 배 이상 커져 알맞은 컴퓨터 칩 없이는 연산을 할 수 없게 됐다. 컴퓨터 칩 중 대표적인 것은 CPU, GPU, 그리고 메모리다.

과거에는 CPU가 가장 중요한 칩이었다. 원래 GPU는 화면 디스플레이에 사용했다. 그런데 언제부턴가 CPU를

엔비디아의 GPU. 출처: Diego Torres Silvestre(Flickr)

그리 어렵지 않게 설계할 수 있게 됐고(애플, 퀄컴 같은 회사는 CPU를 자체 설계한다) 병렬 컴퓨팅의 핵심이 된 GPU가 더 중요한 칩으로 부상했다. GPU 시장을 지배하는 엔비디아의 시가총액이 인텔과 애플의 시가총액보다 커지고 대한민국 GDP를 넘어섰다.

한편, 대규모 고속 GPU 연산을 위해서는 고성능, 고용량 메모리가 필요하다. 단순한 기술을 바탕으로 하며 생산력이 판도를 좌우한다고 여겨지던 메모리가 고도의 기술이 필요한 칩으로 그 중요성이 급격하게 부상했다. 다행스럽게 메모리는 한국이 세계시장의 60% 이상을 장악하고 있다. 특히 GPU의 고도화에 꼭 필요한 고대역폭메모리HBM는 한국의 SK하이닉스가 선두이고 삼성과 마이크론이 그 뒤를 따르고 있다.

엔비디아의 GPU는 엔비디아가 설계하고 생산은 대만의 반도체 생산 기업(파운드리)인 TSMC가 전담한다. 애플의 CPU는 초기에는 삼성전자에서 생산했으나 지금은 애플이 자체 설계하고 대만에서 생산한다. 허드렛일인 조립은 중국에서 한다.

반도체가 없으면 미래의 인공지능 기술을 따라갈 수 없다. 이 반도체의 핵심 공급망이 한국과 대만에서 거의 완료된다. 반도체 생산을 위해 필요한 제조 장비는 미국과 일본에서 가장 많이 공급한다. 만일 중국이 대만을 정복해 세계 최대의 파운드리 회사인 TSMC를 장악한다면 미국에는 재앙에 가까운 일이 될 것이다.

물론 그렇게 되더라도 미국과 일본, 네덜란드가 장비를 공급하지 않으면 회사가 돌아가지 않는다. 그렇지만 미국도 GPU를 비롯한 첨단 반도체를 당분간 만들 수 없게 되기 때문에 장비 공급을 끊기가 쉽지 않을 것이다.

중국은 이런 첨단 반도체도 자체 설계해서 대만의 TSMC 를 통해 생산할 계획을 세웠다. 실제로 화웨이는 자체 설계 한 스마트폰 CPU를 TSMC를 통해 생산해서 세계에서 가 장 많은 스마트폰을 만드는 회사가 됐다. 그러나 미국이 화 웨이를 제재하면서 TSMC를 통한 생산이 불가능해졌고 화 웨이는 스마트폰 사업에 치명타를 입었다. 반도체 생산의 떠오르는 별이었던 기업 푸젠진화도 거의 초토화됐다. 미국 은 데이터와 알고리즘 부문에서는 미국 수준을 거의 따라 잡은 중국이 연산력까지 갖추지 못하도록 막고 있다.

반도체를 둘러싼 미·중 신냉전

중국은 엄청난 양의 반도체를 수입한다. 시진핑은 2015년 '중국 제조 2025' 계획에서 2030년까지 반도체 생 산 장비의 70%까지 국산화하겠다고 선언했다. 2022년에 국 산 장비 비율이 겨우 30%를 넘기는 했는데 미국의 견제로 계획대로 진행되지 않고 있다.

미국이 이렇게 중국을 봉쇄하려는 것은 국방과 경제라는 2가지 큰 이유 때문이다. 강대국의 미래를 결정할 인공지능 기술에서 중국이 미국을 추월할 가능성이 보이고, 그것이

군사력에서 미국의 절대 우위를 위협하는 상황에 임박했기 때문이다.

덩샤오핑은 1980년 개혁 노선을 택하면서 '도광양회韜光養晦', 즉 드러내지 않고 조용히 실력을 기르기를 강조했다. 시진핑이 이 기조를 유지했더라면 미국의 경계심이 좀 더 늦게 발동했을 수 있다. 그러나 시진핑은 본인의 정치적 야망을 위해 '일대일로' '중국몽' '중국 제조 2025' 등으로 야심을 드러냈다.

마오쩌둥은 본인의 정치적 입지를 위해 문화혁명을 일으켜 지식인 집단을 초토화하고 중국의 경제 발전을 수십 년 정체시켰다. 덩샤오핑의 개혁으로 시작된 중국의 눈부신 발전 역시 시진핑 개인의 정치적 야망으로 수십 년 정체될 상황에 처했다고 보는 시각도 있다.

중국의 상대방 기술 훔치기, 정부의 노골적인 자금 지원 등 국제 경제 질서에 반하는 행위는 상당 기간 양해받았다. 이제 미국은 이런 행위를 용인하지 않으려 한다. 미국의 대응도 만만치 않다. 노골적으로 첨단 산업을 자국에 유치하면서 보조금을 뿌리기 시작했다. 국제 질서는 정의에 의해 움직이지 않는다. 철저히 자국의 이익에 의해 움직인다.

우리는 어떻게 됐든 미국의 보호 아래 국방의 안정을 얻어 눈부신 발전을 이룬 나라다. 지금도 미국의 우산 아래 있다. 미국이 중국을 제재하는 대표적 기술은 반도체와 배터리다. 반도체는 우리나라가 메모리 분야에서 압도적 세계 1위, 파운드리 분야에서 세계 2~3위 정도이고, 배터리 역시 세계 1위다. 중국이 경쟁자로 막 부상하려는 시점에 미국이 중국을 제재하기 시작해 중국이 생산하는 반도체와 배터리는 우리와의 경쟁 대열에서 타격을 받게 됐다.

이것도 국운이다. 일본은 한국전쟁으로 산업이 세계적 수준으로 도약했고, 독일도 냉전으로 산업적 도약의 기회를 잡았다. 우리는 미중 신냉전의 최대 수혜국으로 세계 첨단 기술의 공급망에서 핵심적 위치를 차지하는 중요한 나라가 됐다.

통신 분야에는 다양하고 복잡한 알고리즘이 활용된다. 인공지능의 연산에는 말할 것도 없다. 초연결 시대로 접어들면서 기기와 장비가 모두 연결되어 일체의 시스템 역할을 하게 됐다. 이들이 만들어내는 데이터로 목적에 맞는 산출물을 내놓는 데 고도의 알고리즘이 개입한다. 데이터로부터 효율적인 자료구조를 구축하고 여기서 부가가치를 높이는 산출물을 만드는 것은 알고리즘의 중요한 응용 분야다.

알고리즘은 단순한 계산부터 복잡한 로직, 거대한 체계에 이르기까지 적용 범위가 넓다. 이렇게 광범위하고 중요한 역할을 하는 알고리즘이지만 그 용어가 언론에 자주 등장하고 일반화된 것은 불과 10년밖에 되지 않는다. 인공지능 혁명과 함께 알고리즘도 더 주목받게 됐다. 알고리즘의 중요성이 거의 드러나지 않던 시기부터 알고리즘을 여러 산업적 응용에 적용해오던 필자로서는 신기할 정도의 변화다.

천재와 괴짜의
알고리즘 발전사

1
천재의 전형
도널드 커누스

   도널드 커누스Donald Knuth는 전설적인 책《컴퓨터 프로그래밍의 예술The Art of Computer Programming》을 쓴 것으로 유명하다. 커누스는 1967년, 1968년, 그리고 1972년에 차례로《컴퓨터 프로그래밍의 예술》3연작을 내놓으면서 컴퓨터 과학계에 충격을 주었다. 이 책들은 조그만 글자로 쓰였는데도 총 2,050페이지에 이르는 역작으로 그 방대함과 깊이는 상상을 초월한다.

   열 사람이 평생 걸려도 하기 어려운 일을 일생 동안 몇 개씩 해내는 사람이 있는데, 커누스가 바로 그런 사람이다. 과학 편집자이자 문화 기획자인 존 브록먼이 물리학자 머리 겔만을 가리켜 "그는 5개의 뇌를 가지고 있고 그 하나하나가 당신들의 두뇌보다 훨씬 우수하다"라고 말한 적이 있는데, 그 말을 접한 순간 필자는 커누스와 현대 컴퓨터 구조의 아버지인 세기의 천재 존 폰 노이만이 떠올랐다. 노이만과 비교하기는 힘들겠지만 컴퓨터과학 분야에서 커누스만큼 다양하고 뛰어난 재능을 갖춘 사람도 드물다.

커누스는 1938년 미국 위스콘신주의 밀워키에서 태어났다. 음악을 전공하고 싶었던 가난한 고등학생 커누스는 케이스연구소(훗날의 케이스웨스턴리저브대학교)에 물리학 장학생으로 입학하면서 인생의 진로가 바뀐다. 그는 케이스연구소에서 우연히 IBM 650 컴퓨터를 만났고 이 만남을 계기로 전설적인 컴퓨터과학자로 성장하는 첫발을 내디뎠다.

《컴퓨터 프로그래밍의 예술》하나만으로도 충분히 다른 사람의 기를 죽이지만 이 작업은 커누스가 일생 한 일 중 일부에 불과하다. 현재 전 세계 수백만 명의 연구자가 기술 논문이나 자료를 만들기 위해 레이텍LaTeX 출판용 편집 언어를 사용한다. 레이텍은 텍TeX 편집 언어에 껍질을 입힌 것인데 이 텍을 개발한 사람이 바로 커누스다. 그는 폰트를 비트맵으로 보지 않고 문자의 수학적 형태를 분석해 함수로 접근하는 메타폰트 언어도 개발했다. 이는 미술을 수학으로 승화시킨 업적이다.

커누스는 《컴퓨터 프로그래밍의 예술》을 출판하는 과정에서 유난히 식이 많은 원고 때문에 기겁할 만한 오류를 경험했다. 다른 이들 같으면 "그것 참 불편하네" 하고 넘어갔을 텐데 커누스는 출판용 언어를 직접 만들었다. 지금은 출판이 모두 컴퓨터 기반으로 자동화되어 있지만 이 움직임을 일으키고 기반 기술을 제공한 사람이 커누스다.

당시의 컴퓨터 환경을 생각하면 그런 일을 했다는 것이 상상이 되지 않는다. 지금 같은 그래픽 모니터는 있지도 않았고 CRT 모니터로 글자를 하나씩 찍어가면서 차례대로 보여주는 시절이었다. 당연히 아래 첨자나 위 첨자 같은 것은 화면에 나타낼 수 없었다.

텍 언어 개발에 커누스는 9년을 온전히 투자했다. 그가 이렇게 샛길로 빠지지 않았더라면 《컴퓨터 프로그래밍의 예술》은 더 빨리 완성됐을 것이다.

그뿐이 아니다. 고급 언어 컴퓨터 프로그램을 컴퓨터에서 돌아가도록 컴파일하는 대표적 기법인 LR 파싱도 커누스가 만든 것이다. 유명한 패턴 매칭 알고리즘인 KMP 알고리즘도 커누스가 개입한 알고리즘이다. 그는 문학에도 지대한 관심을 보여 《초현실수Surreal Numbers》라는 소설을 발표하기도 했다.

원래 음악가가 되려고 했던 커누스는 컴퓨터과학자의 길을 걷는 중 자신의 집에 직접 설계한 초대형 파이프오르간을 설치하기도 했다. 그는 음악과 수학 사이에는 패턴이라는 공통점이 존재한다고 주장한다. 그의 말을 인용해본다.

수학은 패턴의 과학이다. 음악도 다름 아닌 패턴이다.
컴퓨터과학도 추상화와 패턴의 형성과 깊은 관련이 있다.
다만 다른 분야와 비교해 컴퓨터과학은 지속적으로 차원
이 급상승한다는 특징이 있다.

지적 추상화의 수준이 높아지는 과정을 이렇게 표현한 것이다. 알고리즘을 제대로 공부하면 얻게 되는 가장 큰 소득도 사고 체계의 추상화 수준이 높아지는 것이다.

커누스는 원래 《컴퓨터 프로그래밍의 예술》을 집필하기 시작할 때 총 12개 장을 계획했다. 그중 6장까지가 3권의 책으로 먼저 나왔다. 이 책은 곧 컴퓨터과학계의 전설이 됐다. 그렇지만 커누스가 다른 일에 몰두하기를 거듭한 탓에 나머지 6개 장은 나올 기미를 보이지 않다가 근 40여 년 만에 4A, 4B 2권이 출간됐다(2005년부터 2022년까지 쪼개어 집필). 이 2권을 합쳐도 그가 원래 계획했던 7장 분량의 3분의 2가 채 되지 않아 보인다. 커누스는 요즘도 이 집필 작업을 마무리하기 위해 밤낮으로 애쓰고 있다고 한다.

그는 이제 80대 중반을 넘었다. 8장의 주제는 재귀recursion인데 필자가 적어도 20년 이상 그가 집필하기만을 기다리고 있는 장이다. 커누스가 컴퓨터과학의 핵심 개념인 재귀를 어떤 방법으로 요리할지 자못 궁금하기 때문이다. 하지만 그의 나이와 근 20년째 7장에 쏟고 있는 무시무시한 열정을 고려하면 8장을 구경이나 할 수 있을까 염려스럽다.

현재까지 출간된 《컴퓨터 프로그래밍의 예술》. 출처: amazon.com

커누스는 어려운 일에 착수하기 전에 자신은 그 일을 할 수 있는 '가장 적합한 배경'을 지닌 사람이고 그 일은 자신의 운명이라고 생각했다. '가장 적합한 배경'은 그의 지적 빌딩 블록building block을 표현하기 위해 사용한 말이다.

커누스가 이처럼 방대하고 수준 높은 업적을 남길 수 있었던 것은 그가 컴퓨터, 수학, 음악, 문학, 예술 분야에서 충분한 지적 빌딩 블록을 갖추었고, 이 블록들을 생산적으로 결합할 수 있는 주제가 그의 앞에 출현했으며, 그가 그 주제를 현명하게 감지했기 때문일 것이다. 커누스는 1974년 컴퓨터 분야의 노벨상인 튜링상을 수상했다.

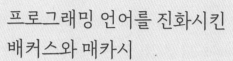

2
프로그래밍 언어를 진화시킨
배커스와 매카시

최초의 고급 프로그래밍 언어를 만든 배커스

컴퓨터의 가장 밑바닥에서는 0과 1로만 구성된 기계어를 통해 작동한다. 기계어의 명령어도 0과 1로 이루어진다. 예를 들면 '더하라'라는 작업은 0110, '빼라'는 작업은 0011, '곱하라'는 작업은 '0101'과 같이 되어 있다. 여기에 몇 번 저장소(레지스터)에 어떤 수를 넣어 이러한 작업을 하는지 표시해줘야 한다. 초창기의 컴퓨터 프로그램은 이런 0과 1투성이의 암호문 같은 것이었다.

이것이 불편해서 만든 것이 어셈블리 언어다. 0110 대신 'add'라고 쓰고, 0101 대신 'mult'라고 쓰는 식이다. 이것을 어셈블러가 번역해서 0과 1로만 된 기계어 코드로 만들어

준다.

지금 보면 상상하기 어려울 정도로 불편하다. 하지만 불편한 환경에 있더라도 더 편리한 수단이 존재하지 않을 때는 그런 환경을 당연한 것으로 받아들이게 되는 법이다. 1953년의 상황이 그랬다. 그 당시 모든 프로그램은 어셈블리어를 사용하는 수준을 벗어나지 못했다.

당시 29세의 IBM 연구원이던 존 배커스John Backus는 어셈블리어보다 높은 수준의 프로그래밍 언어 개발을 계획했다. 그의 팀은 변수를 사용해서 연산을 표현하고(예: sum = sum + A[i]), 배열의 개념, 반복 계산을 위한 구조(요즘의 언어들에서 사용하는 for 루프 같은 것)를 도입했다. 이로써 기계어나 어셈블리어는 물론 프로그램이 기계에서 어떻게 돌아가는지 모르고도 특정 작업을 프로그램할 수 있게 됐다.

그러나 이 계획안을 올릴 당시 IBM의 자문위원이던 노이만의 반대로 배커스는 애를 먹었다. 노이만은 이런 방식의 프로그래밍 언어가 필요한 이유를 납득하지 못했다. 노이만 같은 세기의 천재가 어셈블리어의 불편을 개선한 고급 프로그래밍 언어의 필요성을 감지하지 못한 것이다. 이 일화는 아무리 천재라 해도 자신이 처한 환경 너머의 세상을 상상하지 못할 수 있다는 것을 알게 해준다.

다행히 노이만의 반대는 어느 선에서 멎었고 배커스는 엘리트 구성원들로 팀을 꾸릴 수 있었다. 그들은 4년에 걸쳐 최초의 고급 언어를 만들어냈다. 이것이 포트란Fortran이다. 언어를 설계하는 것도 쉬운 일이 아니었지만 더 큰 난관은 추상적으로 작성한 프로그램을 기계어 컴퓨터가 이해하는 기계어 프로그램으로 번역하는 것이었다. 이 일을 하는 프로그램을 컴파일러compiler라 한다. 배커스의 팀은 지금 기준으로는 주먹구구식 컴파일러를 만들어냈다. 하지만 프로그래밍 언어 이론이라는 것이 전혀 없었던 당시로서는 첨단 기술이었다.

이렇게 만든 포트란이 '아주' 좋을 리 없었다. 과도하게 엄격한 줄 맞추기와 융통성 없는 문법, 재귀적인 구조 반영 불가 등 불편한 요소가 많았다. 그렇지만 기계어의 유령에서 프로그래밍을 해방시킨 것은 혁명이라 할 수 있었다.

배커스는 포트란팀을 떠나 보다 자유로운 상태에서 더 일반적인 프로그래밍 언어의 개발에 관여하게 됐다. 수학자 에밀 포스트의 언어 표현 연구에 기반해 문맥 자유 언어context-free language라는 것을 프로그래밍 언어에 적용하고 이를 표현하는 배커스-나우어 표현법을 만들어낸다. 배커스는 공로를 인정받아 1977년 컴퓨터 분야의 노벨상인 튜링상을 받았다.

인공지능의 아버지 존 매카시

이즈음 MIT에서 연구하던 수학자 존 매카시John McCarthy는 포트란에 재귀적 기능이 없는 것에 불편을 느껴 아예 새로운 언어를 만들었다. 바로 리스프LISP다. 필자도 석사 과정에서 기계 번역 관련 논문을 쓰면서 LISP를 사용했는데 이런 천재적인 언어를 만든 사람에게 경외감을 느낀 기억이 있다. 당시에는 매카시가 만든 줄은 몰랐다.

지금은 재귀 호출이 당연한 것이지만 당시는 막 최초의 고급 언어가 만들어진 직후라 사람들이 재귀 기능을 상상하지도 못했다. 그런 시절에 천재 매카시는 재귀 기능을 갖춘 언어를 직접 만들었다. 뛰어난 천재는 불편을 느끼면 틀을 깨고 필요한 무언가를 새로 만들어 어려움을 헤쳐나간다. 도널드 커누스도 책을 쓰다 불편을 느껴 아예 출판용 편집 언어를 만들었는데 그것이 오늘날 전자출판의 효시가 됐다.

매카시는 인공지능, 즉 AI란 용어를 만든 사람이기도 하다. 1956년 여름 매카시와 마빈 민스키, 나다니엘 로체스터, 클로드 섀넌이 다트머스에서 2개월 동안 워크숍을 주도하고 보고서를 썼다. 이것이 인공지능의 출발점이다. 워크숍 조직에 처음 관여한 이들 4인은 모두 컴퓨터과학 역사에 한 획을 그은 천재들이다. 당시는 컴퓨터과학이라는 명칭조차 없어 매카시는 수학과 소속이었다.

이들은 주로 논리적 추론에 의한 인공지능을 꿈꿨다. 논리와 규칙에 기반해서 인간의 지능을 흉내 내는 이런 방식을 기호주의symbolism라 한다. 그 반대편에는 연결주의connectionism가 있는데, 인간의 뇌를 모방한 시스템을 만들어 (인간의 지식으로부터 출발하지 않고) 데이터로 훈련시키는 방식이다.

인공지능 연구 초기는 매카시와 민스키가 주도한 기호주의의 시대였다. 특히 민스키는 초기의 신경망이 근본적으로 초보적 컴퓨터 논리 게이트인 '배타적논리합exclusive-or(두 변수 중 하나만 참인 경우 참이 되는 논리)'이라는 단순한 연산도 계산하지 못한다는 것을 증명해 연결주의 연구를 상당히 지체시켰다. 사실 이 주장은 신경망의 초기 장난감 같은 모델인 퍼셉트론perceptron에 관한 것인데 민스키가 워낙 권위 있는 명사라 신경망 연구는 오랜 암흑기에 접어든다.

매카시는 인공지능이 상식의 큰 집합이 될 것이라고 주장했다. 인간의 상식을 논리와 규칙의 집합으로 모으면 지능이 탄생할 것이라 기대했다. 하지만 결과적으로 이 천재들이 주도한 기호주의 연구는 초보 수준을 벗어나지 못하고 끝났다. 대신 이들이 논리적으로 생각하는 능력이 모자라는 사람들이나 하는 짓이라고 괄시하던 연결주의 연구가 오랜 고난 끝에 성과를 보여주었다. 이렇게 정리되는 데까지 무려 50여 년이 걸렸다.

컴퓨터과학의 역사는 천재들의 눈부신 기여로 가득하다. 반면 천재들이 실패한 사례도 적지 않다. 노이만은 고급 프로그래밍 언어의 필요성을 감지하지 못했고, 매카시와 민스키는 연결주의의 잠재력을 몰랐다.

쓰다 보니 매카시를 평가절하한 것 같은데 그럴 의도는 아니었다. 매카시는 인간의 재귀적 사고를 프로그래밍 언어에 처음 도입한 사람이자, 인공지능이란 용어를 만들어 초기 컴퓨터과학 분야를 주도한 천재다. 다만 그가 말한 상식이 논리와 규칙에 기반한 '엄밀한' 것이었던 반면, 요즘의 인공지능은 뉴런의 연결로 '융통성 있게' 상식을 표현한다.

매카시는 1971년 튜링상을 수상했다.

3
생물정보학의 초석을 놓은 심리학자 낸시 웩슬러

어떤 학문 분야에서 가끔 엉뚱한 분야 사람이 결정적인 영감을 주고 발전을 이끄는 경우가 있다. 생물정보학에서도 그런 일이 있었다. 생물정보학은 생물학에서 폭증하는 데이터를 통해 유용한 결과를 내기 위해 컴퓨터 기술(정보 기술)을 사용하는 분야다. 이 분야의 초반 연구를 이끈 사람은 생물학이나 컴퓨터과학 전공자가 아닌 심리학자다.

1968년 낸시 웩슬러Nancy Wexler가 23세일 때 그녀의 어머니가 헌팅턴병을 진단받았다. 헌팅턴병은 신체가 자신의 의사와 상관없이 춤추듯 움찔거리고 나중에는 정신도 불안정해지는 유전병이다. 부모 중 한쪽이 헌팅턴병 환자면 자식에게 그 병이 발병할 확률은 50%다. 낸시와 엘리스 웩슬러

자매는 평생 자식을 갖지 않기로 결정했고 낸시는 이 병을 연구하는 데 평생을 바치기로 했다. 그녀는 1972년 미시간 대학교에서 심리학 박사 학위를 받고 교수가 됐다.

인간의 DNA는 아데닌(A), 시토신(C), 티민(T), 구아닌(G)이라 이름 붙인 4가지 화학 구조물이 30억 개 정도 연결되어 있다. 이 A, C, T, G 각각을 염기라 한다. 이 30억 개의 염기는 23개 그룹으로 나뉜다. 이들 각각을 염색체라 한다. 낸시의 여정은 이 30억 개 염기로 이루어진 염색체 띠에서 헌팅턴병을 일으키는 유전자를 찾는 것이었다. 백사장에서 쌀알 찾기 같은 일이었다.

낸시가 연구를 시작할 당시에는 DNA 서열에 관한 인식이 부족해서 유전자가 발병 원인인지도 확실하지 않은 상태였다. 심지어 헌팅턴병이 느리게 자라는 바이러스 탓인지도 모른다고 생각해 환자의 뇌에서 시료를 추출해 침팬지의 뇌에 주사해보기도 했다. 그러나 주사를 맞은 침팬지가 헌팅턴병에 걸리지 않았다. 바이러스가 병의 원인은 아니라고 판단한 낸시는 그때부터 헌팅턴병을 일으키는 유전자를 찾는 것을 목표로 삼았다.

그녀는 역시 심리학 박사인 아버지 밀턴 웩슬러와 유전

병 재단을 만들어 과학자들과 함께 워크숍을 거듭했다. 워낙 기본이 없는 상태에서 시작한 탓에 뜬금없는 아이디어가 속출했다. 이렇게 헛다리 짚기를 반복하면 많은 사람은 좌절하고 회의적으로 변하기 쉽다. 이럴 때 일을 이끄는 사람의 특성이 중요하다. 낸시는 참석자들을 독려했다. "지금 단계에서 누가 유용한 아이디어와 실수를 구분할 수 있겠어요?"

주변을 들뜨게 하는 비범함을 지닌 사람들이 있다. 자신이 관심을 두는 주제가 이끄는 곳으로 흔들림 없이 오랜 시간 지속적으로 나아가는 것은 최정상의 과학자가 흔히 보이는 성향이다.

DNA는 너무나 방대하기 때문에 특정 유전자를 탐색할 길이 막연했다. 이때 연구 팀에서 DNA 내부에 표지자(마커)를 설정하자는 아이디어가 나왔는데 이것이 첫 번째 도약으로 이끌었다. 표지자는 DNA의 특정 위치에 존재하면서 구분할 수 있는 몇 가지 모양을 띠는 짧은 서열이다. 전체 DNA에서 주소 같은 역할을 한다.

아이디어는 이러했다. 암수가 교접하면 두 DNA가 절단되어 대략 반반씩 섞인다. 자르는 지점이 임의로 정해지므로 표지자와 가까이 있는 유전자는 표지자와 분리되지 않고 같이 전해지거나 같이 누락될 확률이 높다. 설정해둔 여러 표지자 중 헌팅턴병 환자의 DNA에서 유독 높은 비율로 존재하는 표지자가 있으면 그 근처에 헌팅턴 유전자가 있을 거라는 추정이었다. 연구자들은 실패를 거듭하다 1983년 드디어 환자들에게서 압도적인 비율로 관찰되는 표지자를 발견했다. 해당 표지자는 23개의 염색체 중 중 4번 염색체에 있었다.

이제 범위가 좁아졌다. 낸시의 여정 15년 차쯤이었다. 그러나 30억에서 1억 정도로 좁아진 것이니 아직 갈 길이 멀었다. 6개의 국제 연구 팀이 꾸려졌고 10년간 실패를 거듭한 끝에 드디어 1993년에 헌팅턴병을 일으키는 유전자의 DNA 서열과 그 위치를 발견했다. 낸시가 연구를 시작한 지 25년 만의 일이다. 그동안 낸시는 끊임없이 환자들을 만나서 역학조사를 하고 1,200본이 넘는 혈액 샘플을 채취해 과학자들에게 제공했다.

과학의 역사는 대부분 실패의 기록이다. 가뭄에 콩 나듯 발견되는 몇몇 결과가 성공을 만든다. 낸시처럼 25년이란 시간을 좌절하지 않고 한 방향으로 나아가는 힘은 쉽게 가질 수 있는 것이 아니다. 이 과정에서 표지자 관찰, 유전자를 이어 붙이는 방법을 비롯해 많은 아이디어가 도출됐다. 후에 인간 유전체 해독 프로젝트가 진행되어 인간 DNA 전체의 염기서열이 규명되는데 여기에 결정적인 바탕을 제공한 사람을 한 명 들라면 단연 낸시 웩슬러다.

DNA 염기서열은 기계가 연속해서 읽을 수 있는 길이가 극히 제한된다. 그래서 서로 중복되는 부분이 있는 조그만 조각들로 잘라 전체 서열을 추정해야 하고, 변이로 인한 오류까지 감안해야 한다. 이 과정에서 컴퓨터 알고리즘 연구자들이 결정적인 기여를 했다. 이로 인해 DNA 서열분석이라는 분야가 생겨났고, 확장을 거듭해 생물정보학이라는 거대한 분야가 탄생했다. 빅데이터의 대표적 응용 예다. 단백질의 3차원 구조 예측 수준을 획기적으로 끌어올린 알파폴드-2도 생물정보학 분야의 쾌거다.

헌팅턴병은 4번 염색체 끝부분에 CAG라는 염기서열이 40회 이상 반복되면 확실히 발병한다. 30회 이하로 반복되면 발병하지 않는다. 41회면 대략 51세에, 42회면 37세에, 50회면 27세 무렵에 지능을 잃는다. 지금은 이 유전자가 존재하는지 간단히 테스트할 수 있고, 배아 단계에서 결함 부분을 잘라내고 인공수정을 할 수 있는 수준까지 기술이 발전했다.

발병 확률이 50%였던 낸시는 자신의 노력으로 가능하게 된 유전자 검사를 하지 않기로 했다. 필자는 가끔 그녀의 근황을 살펴보곤 했다. 어느 날 오랜만에 그녀의 인터뷰 영상을 찾아보았는데 2016년 녹화본에서 71세인 그녀의 어깨와 팔이 경미하게 춤추고 있었다. 슬프게도, 여전히 밝은 얼굴이었다. 이 글을 쓰고 있는 2024년 78세인 그녀의 병증은 더 악화됐을 것이다. 그녀의 언니 엘리스는 발병하지 않았다.

낸시 웩슬러의 연구는 신경심리학을 전공한 한 과학자가 생명과학과 컴퓨터 알고리즘의 한 분야의 발전에 큰 추동력을 제공한 희귀한 예다.

4
나치의 암호를 푼 비운의 천재
앨런 튜링

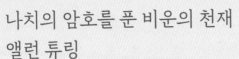

세계 역사를 보면 단명한 천재가 많다. 좀 더 생존했더라면 세상의 양상이 달라질 정도로 기술 진보를 앞당겼을 인물들이다.

"사회가 나를 여자로 변하도록 강요하므로 나는 순수한 여자가 할 만한 방식으로 죽음을 택한다."

동성애자에 대한 법원의 선고로, 요즘으로 치면 화학적 거세에 해당하는 여성호르몬 치료를 받던 비운의 천재 앨런 튜링Alan Turing은 1954년 이런 메모를 남긴 후 청산가리를 묻힌 사과를 깨물고 죽음을 택했다고 한다. 스티브 잡스가 애플 컴퓨터의 로고를 만들 때 앨런 튜링을 추모하려고 그가 깨문 사과를 형상화했다는 이야기도 있다. 애플 컴퓨터의 초기 로고가 아이작 뉴턴이 사과나무 아래 앉아 있는 그림이었던 것으로 보아 이 이야기는 지나친 추측으로 보이지만 튜링의 무게를 짐작하게 하는 일화다.

영국 정부의 공무원이었던 앨런 튜링의 부모는 인도 식민지로 파견되었을 때 그를 다른 영국 가정에 맡겨놓고 인도로 떠났다. 부모와 떨어져 자라는 경험은 앨런 튜링에게 치명적인 영향을 미쳤던 것 같다. 그가 다녔던 셔본 스쿨의 교장은 그를 "공동체에서 문제가 될 소지가 있는 아주 내성적인 소년"이라고 평했다. 하지만 튜링은 비상한 두뇌로 여러 업적을 남겼다.

튜링은 인공지능의 판단 기준을 최초로 제시한 사람이다. 그가 제안한 테스트를 '튜링 테스트'라 한다. 옆방에 있는 대상과(또는 기계와) 대화를 하는데 상대가 사람인지 기계인지 구분하기 힘들면 지능을 갖추었다고 볼 수 있다는 것이 튜링의 주장이었다.

그간 인공지능 자연어 처리 시스템은 사람이 아니란 것을 어렵지 않게 알 수 있었다. 그런데 GPT와 람다 같은 거대언어모델LLM이 등장하면서 시스템이 문법적으로 완벽한 문장을 구사하고 자연스러운 대화도 가능해졌다. 시스템의 대답이 기계의 대답인지 사람의 대답인지 구분하기 힘들어진 것이다. 지금의 자연어 시스템은 튜링 테스트를 통과했다고 말할 수 있다.

세계 최초의 컴퓨터로 알려진 것은 펜실베이니아대학교의 애니악이다. 그렇지만 사실상 세계 최초의 컴퓨터는 이보다 2년 앞서 제2차 세계대전 중 튜링이 만든 영국의 콜로서스Colossus다. 이 콜로서스 덕분에 영국은 완벽한 암호 체계라 해독 불가능하다고 알려진 독일의 에니그마 암호 체계를 풀었다. 독일은 에니그마가 해독되면서 급속히 패배의 수렁으로 빠졌다. 독일이 영국에 졌다기보다 앨런 튜링에게 졌다는 표현이 맞을 것이다. 영국 정부가 이 사실을 비밀에 부쳤기 때문에 애니악이 세계 최초의 컴퓨터로 알려지게 됐다.

튜링은 또한 가상의 계산 기계인 '튜링 머신'의 개념을 제안해 어떤 문제를 해결할 수 있는가에 대한 '계산 가능성'의 이론적 논의를 가능하게 했다. 그는 미국의 고등연구소에서 노이만과 교류하게 되었는데, 튜링 머신의 개념을 접한 노이만이 튜링에게 고등연구소에 남아서 같이 연구할 것을 제안했으나 튜링은 전쟁 중인 조국으로 돌아가서 암호 해독에 매진했다.

20세기 최고의 수학자 쿠르트 괴델은 유명한 불완전성 정리를 통해 모든 무모순적 논리 체계에는 그 논리 체계 내에서 근본적으로 풀 수 없는 문제가 존재한다는 사실을 증명했다. 튜링은 이를 알고리즘 이론의 문맥에서 재해석해서 유명한 '정지 문제halting problem'로 발표했다. 정지 문제는 불완전성 정리의 컴퓨터과학판이라 할 수 있다.

컴퓨터 분야의 대표 학회인 미국 컴퓨터학회ACM에서는 튜링을 기려 1966년부터 컴퓨터 분야의 노벨상이라 불리는 튜링상을 수여하고 있다. 역대 튜링상 수상자 명단은 마빈 민스키, 존 매카시, 에츠허르 다익스트라, 도널드 커누스, 스티븐 쿡, 제프리 힌턴 등 내로라하는 인물로 넘친다.

5
NP-완전 문제의 개념을 제시한 스티븐 쿡

컴퓨터과학에는 'NP-완전NP-complete'이라는 유명한 난제군이 있다. 현재의 기술로는 잘 안 풀리는 문제들로, 재미있는 관계를 지닌 집단이다.

대부분의 알고리즘 연구는 무엇을 어떻게 잘할 것인가에 관한 것이다. 여러 개의 수를 어떻게 빠르게 잘 정렬할 것인가, 지도에서 어떻게 최단 경로를 찾을 것인가, 파일에서 어떻게 특정 단어를 찾을 것인가, 어떻게 신경망을 빠르게 학습시킬 것인가 등의 작업이 대표적인 예다.

이런 가운데 무엇이 잘 되지 않는가에 관한 연구 분야도 있다. 천재 수학자 쿠르트 괴델은 1931년 어떠한 정상적인 논리 체계 내에도 근본적으로 풀 수 없는 문제가 존재한다는 것을 증명했다. 20세기 수학의 기념비적 업적이 된 불완전성 정리다.

정신 질환을 앓던 괴델은 자신이 오래 살지 못할 것으로 생각했고 프린스턴 고등연구소의 선배 교수인 노이만에게 자신이 죽으면 자신의 미발표 연구를 정리해서 발표해달라고 부탁했다. 그런데 그러겠다고 약속한 노이만이 먼저 세상을 떠나고 괴델은 노이만보다 21년이나 더 살았다.

괴델의 논제는 문제를 풀 수 있느냐 여부다. 즉 계산의 '가능성'에 관한 것이다. 이후 앨런 튜링이 괴델 정리의 컴퓨터과학 버전을 만들었다. 유명한 정지 문제다. 알고리즘 분야에서도 이러한 가능성에 관해 논의하지만 대개 풀 수 있는 문제를 얼마나 빠른 '시간'에 풀 수 있느냐에 관심이 많다. 풀 수 있지만 시간이 너무 오래 걸리면 실용적 의미가 없기 때문이다. 수행 시간은 알고리즘 연구의 중심축 중 하나다. 이번 이야기는 현재까지의 기술로는 현실적인 시간에 풀지 못하는 거대한 문제군에 관한 것이다.

스티븐 쿡과 '잘 풀리지 않는 문제들'

스티븐 쿡Stephen Cook은 1939년 뉴욕주 버펄로에서 태어났다. 어릴 때는 전기 기사가 되고 싶어 했지만 대학에서 수학을 전공했다. 미시간대학교 학부를 마치고 하버드대학교 수학과에서 석·박사 학위를 받았다. 박사과정을 밟던 1971년, 쿡은 역사적 논문을 쓴다. 아주 많은 문제에 다른 문제로 바꾸어 풀 수 있는 특성이 있다는 것을 증명한 논문이다. 쿡은 GSAT(일반 논리식 만족 가능성 문제)란 문제를 빠르게 풀 수 있다면 '아주 많은' 알고리즘 문제를 빠르게 풀 수 있다는 것을 증명했다.

러시아 수학자 레오니트 레빈도 독립적으로 같은 발견을 했고, 이어서 미국의 리처드 카프가 21개의 문제를 제시하며 이들 중 하나라도 빠르게 풀 수 있다면 GSAT 문제가 빠르게 풀린다는 사실을 증명했다. 그렇게 되면 논리적 사슬에 의해 그 앞의 많은 문제가 빠르게 풀린다.

이런 식으로 한 문제만 빠르게 풀 수 있으면 다른 문제가 모두 빠르게 풀리는 논리적 연결 관계에 있는 문제군이 급속히 커졌는데, 이로부터 NP-완전이라는 대규모 연구 분야가 만들어졌다. 쿡은 자신의 연구 결과를 그저 흥미로운 것 정도로 생각했고 후에 대규모 연구 분야가 생겨날 것이라고는 전혀 짐작하지 못했다고 한다.

NP-완전은 '현실적인 시간' 내에 잘 풀리지 않는 문제에 관한 이야기다(현실적인 시간에 대한 전문적 정의가 있지만 여기서는 생략한다. 장난감 규모를 넘어서는 문제에 대해 어떤 컴퓨터든 돌려서 태양이 다 타버리기 전에 결과를 볼 수 있다면 현실적인 시간에 속한다는 정도로만 받아들이자). 더 정확하게 말하면 지금까지 알려진 기술로는 현실적인 시간 내에 잘 풀리지 않는 문제에 대한 이야기다.

수백 명의 고객을 가장 빨리 방문하는 일정을 짜는 문제나 반도체 디자인에서 게이트를 배치하고 연결하는 문제, 생물학적 진화의 계통도를 추정하는 문제 등이 유사한 예다. 실로 다양한 문제가 NP-완전 문제군에 속한다. 알려진 것만 적어도 수천 개는 될 것이고 이론적으로 무한히 만들 수 있다.

이들 중 단 하나만 현실적인 시간에 해결되면 순식간에 이 군의 모든 문제가 현실적인 시간에 해결되어버린다. 알고리즘 과목에서 배우는 대부분의 주제가 어떻게 잘할 것인가를 다루는 데 반해 NP-완전은 무엇이 잘 되지 않는가를 다룬다.

다음 페이지 그림은 NP-완전 문제군에 관련된 재미있는

풀리지 않는 문제를 대하는 3가지 방법.

비유다. 상사가 아주 어려운 문제 하나를 풀라고 지시했다. 해보니 잘 안 풀린다. 이 상황을 상사에게 알리는 3가지 방법이 있다.

첫 번째 직원은 자신의 능력이 모자라서 그렇다고 말한다. 겸손한 듯하지만 현명하지 않다. 두 번째 직원은 이 문제는 풀 수 없고 답은 없다고 도발적으로 말한다. 자신만만하지만 역시 그리 현명하지 않다. 마지막 직원은 자신은 풀수 없었지만, 지금까지 수많은 천재도 풀지 못했던 문제라고 말한다. 1979년 마이클 게리와 데이비드 존슨이 《컴퓨터와 계산 불가성Computers and Intractability》에서 NP-완전과 관련된 당시 상황을 이렇게 비유했는데 지금도 여전히 유효하다.

100만 달러짜리 문제

7대 수학 난제라는 것이 있다. 클레이수학연구소에서 21세기에 접어들면서 정한 세기의 난제들로 각각 100만 달러의 상금이 걸렸다. 2002년 러시아 수학자 그리고리 페렐만이 푸앵카레 추측을 증명해 (그러나 그는 상금 100만 달러를 거부하고 허드렛일을 하는 어머니와 궁핍한 생활을 이어갔다.) 6개 문제가 남았는데, 그중 하나가 "P=NP인가?"라는 질문이다. 이 질문을 쿡-레빈 의문이라 한다.

NP-완전 문제 중 하나만 현실적인 시간에 풀면 이 질문에 대한 답을 얻을 수 있어 상금을 받는다. 그러나 아마도 그런 일은 없을 것이고 현실적인 시간에 풀 수 없다는 것을 증명하는 것으로 결론이 날 것으로 생각된다.

더 알아보기: N와 NP에 대해

P는 문제를 '푸는' 데 걸리는 시간을 다항식으로 나타낼 수 있는, 즉 현실적인 시간 안에 해결 가능한 문제를 말한다(다항시간문제).

NP는 문제를 '검증하는' 데 걸리는 시간을 다항식으로 나타낼 수 있는 문제로, 한번 풀리면 검증하기는 쉬운 문제다(비결정론적다항시간문제). 모든 P 문제는 NP 문제에 속한다.

P=NP 문제는 NP 문제를 현실적인 시간 안에 풀 알고리즘을 찾을 수 있는가의 문제로도 볼 수 있다.

어떤 문제가 잘 안 풀리면 자신의 지적 역량이 부족해서인지, 문제 자체가 어려워서인지 알 수 없어 불안해진다. 이때 그 문제가 NP-완전 문제군에 속한다는 것이 판명되면 이런 걱정을 접어둘 수 있다. 지난 수십 년간 많은 천재가 시도했지만 단 한 명도 해결하지 못한 문제군에 속하기 때문에 내가 푸는 것도 거의 불가능하리라고 잠정적으로 결론지을 수 있기 때문이다.

그러면 문제의 정확한 답을 찾을 것이 아니라 주어진 시간 내에 꽤 괜찮은 답을 찾는 것을 목표로 하면 된다. 최고 품질은 보장할 수 없어도 괜찮다. 우리가 필드에서 만나는 문제의 상당수가 이런 문제다. 쿡은 1982년 튜링상을 수상했다.

6
인공지능 혁명의 대부
제프리 힌턴

수학계의 노벨상이라 불리는 필즈상은 40세 이하인 사람만 받을 수 있다. 바둑 선수는 30세가 넘으면 기력이 떨어져 늙은 선수에 속한다. 머리를 쓰는 작업은 대체로 젊을수록 잘할 수 있다. 반면 나이가 들수록 유리한 부분도 있다. 암기력이나 계산 능력은 떨어지지만 전체를 보는 눈이나 관점은 더 고급스러워진다. 좀 더 높은 추상적 수준에서 핵심을 더 빨리 파악할 수 있다.

지금 소개하려는 제프리 힌턴Geoffrey Hinton은 오랫동안 한 주제에만 매달려 64세가 되어서야 인공지능 혁명을 촉발시킨 특이한 사람이다.

힌턴은 1947년 영국의 대단한 학자 가문에서 태어났다.

아버지는 유명한 곤충학자로 영국왕립학회 회원이었고, 외고조할아버지는 조지 불George Boole이다. 컴퓨터 전공자 중 불의 이름을 모르는 사람은 없다. 그는 19세기의 저명한 수학자이자 철학자로 현대 컴퓨터 작동의 수학적 기초 이론인 불 대수를 창안했다. 증조할아버지인 찰스 힌턴은 수학자이자 SF 작가로 테서랙트라는 4차원 개념을 고안했는데 이것은 100년이 더 지난 지금까지도 SF 소설과 영화의 단골 소재가 되고 있다.

그러나 힌턴 본인은 학문에 정착하기까지 어려움을 겪었다. 처음에 물리학과에 입학했다가 수학적 재능이 부족해 포기하고 철학과로 옮겼다. 하지만 그것도 맞지 않아 심리학으로 다시 전공을 바꾸었고, 이번에도 신통찮아 학교를 떠나 한동안 목공 일을 했다.

힌턴은 1971년에 다시 공부를 하기로 하고 에든버러대학교 롱게 히긴스 교수의 연구실에 들어갔다. 롱게 교수의 퍼셉트론(원시적으로 뇌를 흉내 낸 것으로 신경망 분야의 짚신벌레 정도 된다) 관련 연구에 이끌려 진학한 것인데 재미있게도 롱게 교수는 신경망 분야의 연구자들에게는 '깡패' 격인 마빈 민스키의 부정적 평가에 영향받아 연구 방향을 바꿔버렸다.

이때부터 힌턴은 외로운 길을 걸었고, 41년 후 세상에 혁명을 일으켰다.

2012년 제프리 힌턴의 토론토대학교 팀은 이미지넷 이미지 인식 대회ILSVRC에서 20년치 기술 진보에 해당하는 수준으로 신경망의 성능을 점프시키면서 우승했다. 딥러닝deep learning 기술을 활용한 이 신경망에는 알렉스넷 AlexNet이라는 이름이 붙었다. 딥러닝은 크고 깊어진 신경망을 이용한 기계학습을 말한다. 이 무렵부터 딥러닝이라는 분야가 본격적으로 인공지능의 중심으로 부상한다. 당시 힌턴은 64세였다.

그해 말 힌턴은 회사를 창립하고 본격적으로 운영하기도 전에 회사를 경매에 부쳤다. 구글, 마이크로소프트, 바이두, 딥마인드가 입찰했는데 구글이 4,400만 달러(약 600억 원)에 힌턴을 차지했다. 실제로 바이두가 구글보다 더 많은 액수를 제시했다고 하는데, 아마도 힌턴은 중국 회사에 종속되는 것이 달갑지 않았던 듯싶다. 딥마인드는 시작한 지 얼마 되지 않은 스타트업 처지라 돈은 없고 주식으로 지불하겠다면서 입찰에 참여하는 배포를 보였다. 힌턴을 얻는 데는 실패했지만 2년 후 알파고로 파란을 일으켰다.

힌턴이 대회에서 우승한 2012년은 인공지능 혁명의 원년이라 할 수 있다. 전 세계적으로 딥러닝 연구가 불이 붙었고, 4년 후에는 알파고가 이세돌을 이겼으며, 5년 후인 2017년에는 나중에 챗GPT 등 생성형 인공지능 혁명을 주도한 트랜스포머 어텐션(3장에서 더 자세하게 설명할 것이다)이 등장했다. 천년의 도전이라던 단백질 구조 예측도 거의 정복 수준에 가까워졌다. 이 일을 해낸 기업이 다름 아닌 딥마인드다. 이것은 기계학습에 속하고, 조금 더 범위를 좁히면 딥러닝, 더 좁히면 트랜스포머 어텐션에 속한다.

알렉스넷이 성공한 핵심적 이유로 3가지를 들 수 있다. 우선 신경망의 규모가 엄청나게 커졌다. 힌턴 이전의 연구자들도 신경망이 잘 기능하지 않으니 규모를 키워보면 어떨까 하고 생각했다. 그러나 많이 키운다고 해도 대개 몇십 배 수준을 생각했는데 힌턴은 백만 배 정도 키우려 했다. 그리고 실제로 백만 배까지 키우지는 않았지만 이전에 비해 신경망 규모를 굉장히 크게 키운 결과 성공했다. 나중에는 GPT처럼 실제로 규모를 백만 배 이상 키운 예도 등장했다.

이런 대규모의 신경망 계산은 막강한 슈퍼컴을 쓰지 않고는 힘든 수준이었다. 그러자 힌턴은 그래픽용으로 사용하던

그래픽처리장치GPU 보드를 병렬 계산에 사용함으로써 낮은 가격에 컴퓨터의 계산 능력을 획기적으로 키웠다. 이것이 두 번째 핵심 성공 사유다.

세 번째는 합성곱신경망CNN 모델을 사용한 것이다. CNN은 자연의 원리를 모방한 구조를 지녔다. 동물의 눈은 각 망막세포가 인식한 부분적 이미지를 중첩해 전체 이미지를 처리하는데, 이 방식을 활용한 것이다.

더 알아보기: CNN의 창시자 후쿠시마 구니히코

CNN은 힌턴이 창안한 것이 아니다. 1989년 프랑스인 얀 르쿤이 먼저 발표했다. 르쿤이 이끄는 뉴욕대학교 연구실은 2012년 당시에도 열심히 CNN으로 연구에 매진하고 있었다. 규모를 키운 신경망을 위해 신경망용 하드웨어를 독자적으로 만들기도 했다. 그 와중에 뒤늦게 CNN을 채용한 힌턴의 연구실에서 먼저 역사적인 쾌거를 이룬 것이다.

사실 르쿤도 CNN을 처음 제안한 사람은 아니다. 그보다 앞서 일본의 후쿠시마 구니히코가 1980년에 CNN 구

조를 제안했다. 후쿠시마가 제안할 당시에는 그런 모델로 결과를 낼 만한 계산 능력을 지닌 컴퓨터가 없었기 때문에 주목을 끌 만한 실험을 할 수 없었다. 이후 힌턴이 그래픽용으로 사용하던 GPU 보드를 사용해 신경망의 규모를 극적으로 키우면서 신경망은 더 높은 단계로 도약했다. 병렬 계산에서 GPU의 가치를 처음 발견한 것은 스탠퍼드대학교의 대학원생들인데 힌턴이 이에 편승해 CNN을 제대로 성공시킨 것이다.

신경망의 매 계층에서는 출력 결과물을 그대로 다음 계층에 전달하지 않고 활성함수라는 것을 사용해 한번 걸러서 내보낸다. 초기에는 시그모이드 함수를 많이 사용했는데 요즘은 렐루ReLU라 부르는 함수를 더 많이 사용한다. 재미있게도 이 렐루 역시 후쿠시마가 1969년에 제안한 것이다. 신경망 분야의 선구자였지만 시기를 잘못 만나 저평가되고 묻혀버린 후쿠시마란 일본인 천재를 기억해주자.

힌턴은 자신이 수학적 자질이 부족해 신경망 분야의 수학적 알고리즘을 다 이해하지는 못했다고 한다. 본인의 말로 묘책을 찾았다는데, 이해하기 힘든 것은 그냥 안다고 가정하고 넘어가는 방법이다. 웃기기도 하고 당연하기도 한 이야기다. 힌턴은 수학적 메커니즘을 다 이해하지 못했지만 오랜 시간 그 분야에 몰입해 시행착오를 누적한 결과 누구보다 깊은 직관을 발휘하고 추상적 사고를 할 수 있었다. 역사적 업적을 이루기 위해 그 분야의 모든 것을 알아야 하는 것은 아니다.

또 힌턴은 신체적으로 치명적 약점을 갖고 있다. 젊은 시절 집에서 어머니를 돕다가 허리를 크게 다쳐 평생 고통을 안고 산다. 앉아 있기 힘들었고 일할 때나 세미나에 참석할 때는 서 있거나 누워 있었다. 버스로 이동할 때는 가장 뒷자리에 누워서 가야 했다. 앉아 가야 하는 비행기 이동은 그에게 극악의 고통이었다.

그런 신체적 불편에도 힌턴은 낙천적이었고 유머를 잃지 않았다. 이런 상태로 집요하게 신경망을 계속 연구해 64세에 폭발적인 성과를 냈다.

모든 것이 때가 있다. 후쿠시마와 르쿤 같은 선각자가 있었지만 그 업적을 이어받아 역사의 변곡점을 만들어낸 것은 힌턴이었다. 하나의 주제에 매달려 긴 겨울이 와도 흔들림 없이 한 방향으로 밀어붙이는 힘은 최정상의 과학자가 갖춰야 할 중요한 특성이다. 힌턴과 르쿤, 몬트리올대학교의 요슈아 벤지오는 2018년 튜링상을 함께 수상했다.

알고리즘은 어떻게
최적의 답을 찾는가?

1
다양한 문제 해결 방식들

절차로 풀기와 관계로 풀기

알고리즘에는 문제를 해결할 때 그 절차를 차례로 기술하는 알고리즘(절차적 알고리즘procedural algorithm)과 문제 속 작은 문제들과의 관계로 기술하는 알고리즘이 있다. 관계 중심 알고리즘의 대표적 사례는 재귀 알고리즘recursive algorithm이다.

재귀 알고리즘은 문제에 자신과 성격은 똑같지만 크기만 작은 하나 또는 여러 개의 문제가 포착될 때 이들의 관계를 통해 문제를 해결하는 방식이다. 고등학교 수학 과목에도 관계 중심의 알고리즘과 관계있는 사고방식을 훈련하는 주제가 있는데, 수열, 그리고 수학적 귀납법 등이다.

변수를 눈앞에 두고 풀기와 눈에서 벗어나 풀기

전통적인 알고리즘에서는 대부분 문제의 변수를 눈앞에 두고 푼다. 즉 시야에서 벗어나지 않도록 한다. 알고리즘뿐만 아니라 대부분의 자연과학에서도 그렇다. 예를 들어 $x - 3 = 0$과 같은 방정식은 변수 x가 눈앞에서 사라지지 않은 채 답 $x = 3$을 구한다. 이번에는 x, y, z 3개의 변수 값 집합과 그들이 조합되어 만들어내는 결과값들이 주어졌을 때 이 관계를 가장 잘 설명하는 선형결합 함수 $f(x, y, z)$를 구하는 작업을 보자.

$$f(x, y, z) = a_1 + a_2 x + a_3 y + a_4 z + a_5 xy + a_6 yz + a_7 zx + a_8 xyz$$

알고리즘은 아마도 위와 같은 형태로 모델링한 다음 데이터를 가장 잘 설명하는 계수 $a_1, a_2, \ldots, a_8$ 값을 찾게 될 것이다. 회귀분석을 통해 푼다면 이 계수들을 눈앞에 두고 적합한 $a_1, a_2, \ldots, a_8$ 값의 조합을 찾아나간다.

반면 수학의 선형대수에서는 행렬 계산을 통해 변수들의 공간을 변환한다. 즉 변수가 우리 시야를 벗어나 처리된다. 추상적 공간을 탐험하는 것이다. 행렬은 공학의 여러 분야, 컴퓨터과학의 일부 주제, 특히 인공신경망에서 아주 강도

높게 사용된다.

전형적인 문제 해결에서 변수를 눈앞에 두고 해결하던 것에 반해 신경망은 처음부터 공간 변환으로 시작한다. 한 번의 공간 변환은 한 번의 행렬곱과 대응된다. 신경망이 처음 도입됐던 수십 년 전에는 계산 규모가 크지 않아 행렬과의 연관성은 크게 강조되지 않았다.

이후 신경망의 규모가 커지면서 행렬곱을 통한 공간 변환이 명시적으로 강조되기 시작했다. 요즘 생성형 인공지능에서 사용하는 트랜스포머에는 수천 번의 공간 변환, 즉 수천 개의 행렬 곱셈을 사용하는 것이 예사다. 이렇게 변수를 변환된 공간에서 처리한다는 것은 눈앞에서 벗어난, 추상화된 공간에서 처리한다는 뜻이다.

그냥 풀기와 구조물 사용해서 풀기

행렬곱이 추상화를 하듯 자료구조도 추상화의 한 방법이다. 건축물을 지을 때 새시, 배관, 철골구조 등은 하나의 모듈로 간주된다. 이들의 결합과 변형, 추가로 건축물이 완성된다. 복잡하지 않은 문제를 풀 때는 변수를 입력 데이터를 그대로 만지면서 푸는 경우도 있으나 복잡도가 어느 정도 이상 올라가면 어떤 식으로든 데이터가 추상적 자료구조를 형성하도록 해서 문제 해결을 시도한다.

자료구조는 앞에서 언급한 바 있는 리스트, 스택, 큐, 우선순위 큐, 검색트리, 해시테이블, 그래프 등 다양하다. 이들은 복잡한 문제를 개념적 모듈 단위로 나누어 생각할 수 있게 한다. 문제를 입력 데이터가 어수선하게 얽힌 상태가 아니라, 개념이 구획 지어지고 체계적으로 연결된 구조물로 보게 한다. 효과적인 자료구조를 사용하면 문제를 단순하게 볼 수 있다.

가끔 자료구조를 전혀 모르는 상태에서 코딩을 하는 경우를 본다. 요즘 같은 세상에 자료구조를 모르고 코딩을 한다는 것은 마치 건축물의 기본 모듈에 대한 개념이 없어 흙으로 대충 초가집을 짓는 것과 같다.

직접 풀기와 맡겨서 풀기

전통적 알고리즘은 모두 문제를 직접 푸는 것이었다. 문제 해결 과정을 알고리즘 설계자가 다 이해했다. 반면 알고리즘 설계자는 문제 해결의 큰 틀만 설계하고 세세한 과정은 특정 모듈에서 알아서 하는 접근법이 있다. 예를 들면 유전 알고리즘의 경우 설계자는 입력을 표현하는 방법과 전체적인 진화의 구조만 정해준다. 나머지는 유전 알고리즘 모듈이 자연의 진화 원리에 따라 해를 진화시키면서 좋은 해를 찾는다. 인공신경망도 설계자가 입력 데이터를 표현하는 방법과 모듈의 전체적인 구조만 결정해준다. 나머지는 모듈에서 추상화와 학습을 통해 진화시킨다.

규칙 중심 접근과 연결 중심 접근

기원전 300년 무렵 유클리드는 《기하학 원론》이란 놀라운 책을 썼다. 《기하학 원론》은 정의definition, 공리axiom, 정리theorem와 증명으로 이어지는 견고한 체계로 구성되어 있다. 2,300여 년 전에 쓴 책인데 지금도 전혀 촌스럽지 않은 엄밀한 논리 체계를 선보인다. 유클리드의 체계는 인간의 사고에 가장 잘 어울리는 지성적 체계로, 논리와 규칙을 중심으로 사고를 전개하는 대표적 예다. 이런 사고의 역사는 뉴턴, 아인슈타인, 튜링 등 천재의 사고 체계로 이어진다.

인공지능도 초기 몇십 년간 이 줄기의 접근이 주류를 이루었다. 존 매카시와 클로드 섀넌 등 4인의 전설적 천재가 주도한 1956년 다트머스 워크숍에서 인공지능이란 용어가 처음 생겨나고 이들을 중심으로 인간의 지능을 규칙과 논리 중심으로 보는 강력한 학파가 형성되었다. 이 학파를 기호주의 학파라 한다.

다트머스 워크숍 이듬해인 1957년 프랭크 로젠블랫은 인간의 신경세포 연결을 흉내 낸 퍼셉트론이란 논리 흐름 장치를 발표했다. 퍼셉트론은 즉각적으로 큰 반향을 불러왔고 새로운 학파도 생겨났다. 데이터가 지나가는 정점(뉴런) 간의 연결 강도를 조절함으로써 인간의 사고를 흉내 내겠다는 이 학파를 연결주의 학파라 한다.

기호주의와 연결주의, 이 두 학파의 역사가 곧 인공지능 알고리즘의 역사다. 초기 30년은 기호주의가 압도했다. 기호주의의 대표적 인물이기도 한 MIT의 마빈 민스키는 재미있게도 자신이 시덥잖게 평가했던 연결주의의 대표 도구 퍼셉트론에 관한 책을 썼다. 책 제목도 《퍼셉트론Perceptrons》이다. 그는 이 책에서 퍼셉트론은 초보적 컴퓨터 논리 게이트인 배타적논리합 계산도 못한다는 것을 증명했는데 이것이 어려움을 겪던 초기 연결주의에 찬물을 끼얹었다.

그러나 어떤 이론이나 접근법도 성장 초기에는 단순한 것부터 시작하는 법이다. 퍼셉트론도 단순한 장난감 구조에서 시작해 구조를 점점 더 키우고 복잡성을 더해가면서 오늘날의 챗GPT나 알파폴드-2 같은 걸작이 탄생했다.

할 수 있는 것과 할 수 없는 것

전통적 알고리즘은 모두 어떻게 문제를 잘 풀 것인가에 관한 것이다. 대학의 알고리즘 수업 시간에 배우는 것은 거의 다 어떻게 잘할 것인가에 대한 것이다. 반면 문제의 한계에 관한 이론도 있다. 수학에서는 풀 수 있는 문제와 근본적으로 풀 수 없는 문제군을 두고 20세기 최고의 업적 중 하나가 나왔다. 괴델 정리다. 컴퓨터과학에서도 괴델 정리를 그대로 가져온 튜링의 정지 문제가 있다.

그렇지만 큰 줄기는 풀 수 있는 문제에 관한 것이다. 풀 수 있는 문제와 관련해서는 현실적인 시간에 풀 수 있는가, 그렇지 않은가에 관한 이론이 있다. 2장에서 언급한 NP-완전 문제군은 컴퓨터 과학의 난제군으로 이들 중 단 한 문제만 현실적인 시간에 해결되면 이 그룹의 모든 문제가 현실적인 시간 안에 해결되는 재미있는 논리적 연결 관계를 지녔다. NP-완전 문제군은 지금까지의 기술로는 어마어마한 시간을 들여도 해결이 보장되지 않는다.

알고리즘은 생각하는 방법에 관한 학문

앞에서 살펴본 바와 같이 알고리즘에 대한 다양한 관점이 있다. 문제를 보는 관점, 문제를 해결하는 과정에서 접근하는 관점, 자료구조나 추상화를 통해 데이터의 흐름을 계층적으로 쌓아가는 방법 등 다양하다. 어떤 문제를 위한 알고리즘을 통해 그 문제를 푸는 방법을 배우지만, 그 과정에서 배우는 '생각하는 방법'은 미래에 맞닥뜨릴 문제를 미리 해결해두는 것과 마찬가지다.

2
재귀,
내 안의 나를 찾는다

러시아 마트료시카 인형은 큰 인형 안에 똑같은 모양의 작은 인형이 겹겹이 들어 있다. 문제 중에서도 그 안에 자신과 똑같지만 크기만 작은 문제가 포함된 것이 있다. 이런 논리적 구조를 '재귀'라 한다.

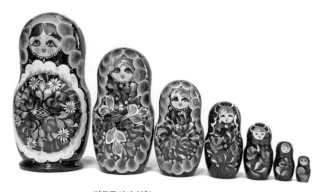

마트료시카 인형. 출처: Dennis Jarvis(Flickr)

1부터 100까지 곱하는 작업은 그 속에 1부터 99까지 곱하는 작업을 포함한다. 먼저 99까지 곱하는 작업을 해놓고 거기에 100을 곱하는 것이다. '100까지 곱하기'는 자신과 성격은 똑같지만 크기가 하나 작은 '99까지 곱하기'를 포함하고 있다. 이런 것을 재귀적 구조를 띤다고 한다.

100개의 수를 크기가 작은 순서로 정렬하는 문제도 마찬가지다. 우선 100개를 죽 훑어 가장 큰 수를 찾는다. 이 수와 제일 오른쪽 수를 서로 바꾼다. 이제 제일 큰 수는 가장 오른쪽에 자리를 잡았다. 앞으로 진행될 정렬 작업에서도 그냥 그 자리를 지키면 된다. 가장 오른쪽 수에 관한 한 정렬이 끝난 것이다. 이것을 관심의 대상에서 제외하면 남은 수는 99개다. 이제 이 남은 것들로 앞에서 했던 작업을 똑같이 반복하면 된다.

다시 말하면, 가장 큰 수를 찾아 가장 오른쪽 수와 자리를 바꾸는 수고를 하고 나면 자신과 성격이 똑같지만 크기가 하나 작은 정렬 문제를 만나게 된다. 즉 재귀적 구조를 띤다.

재귀적 구조는 닮은 모양이 계층을 이루는 구조다. 재귀적 구조를 지닌 문제를 몇 개 더 살펴보자.

수열

아래는 고등학교에서 배우는 등차수열의 한 예다.

$$1, 3, 5, 7, 9, 11, 13, \cdots$$

1에서 시작해 2씩 커지는 수열이다. 커지는 간격(더해지는 크기) 2를 이 수열의 공차라 한다. 첫 번째 수는 1이다. 보통 $a_1 = 1$이라고 쓴다. 그러면 두 번째 수 $a_2 = 3$, 세 번째 수 $a_3 = 5$, 네 번째 수 $a_4 = 7, \cdots$과 같이 표현한다. 이런 규칙에서 아래와 같은 공식을 얻는다.

$$a_n = 1 + 2(n-1)$$

두 번째 항은 1에 2를 1번 더한 것이고, 세 번째 항은 1에 2를 2번 더한 것이고, 네 번째 항은 1에 2를 3번 더한 것이다. n번째 항은 1에 2를 n-1번 더한 것이다. 아래와 같이 표현하기도 한다.

$$a_n = a_{n-1} + 2, \ a_1 = 1$$

이 식의 'n번째 항은 n-1번째 항에 2를 더한 것이다'라는 의미다. 이는 n-1번째 항은 n-2번째 항에 2를 더한 것이란 의미도 포함하고 있다. 이렇게 n번째 항, n-1번째 항, n-2번째 항, …으로 내려가다 보면 첫 번째 항이 된다. 결국 첫 번째 항이 1이고 2씩 더해나가는 수열과 같은 의미다. 위 식은 이웃하는 두 항의 관계로 수의 열을 표현하고 있다. 수열의 재귀적 구조를 표현하는 한 방법이다. 이런 방식으로 표현한 식을 '점화식'이라 한다.

하노이 탑

하노이 탑은 가장 유명한 재귀 문제다. a, b, c 3개의 기둥이 있고, 기둥 a에 넓이가 서로 다른 n개의 원반이 있다. 이 n개의 원반을 기둥 b로 옮겨야 하는데 아래 규칙을 만족시키면서 옮겨야 한다. 남는 기둥은 원반(들)을 임시로 옮겨두는 보조 기둥으로 사용한다.

규칙:
- 원반은 하나씩 옮길 수 있다.
- 어떤 경우든 큰 원반이 작은 원반 위에 놓여서는 안 된다.

아래 그림은 원반이 4개인 하노이 탑 문제다.

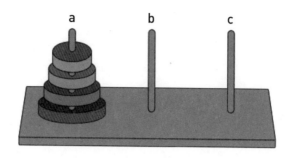

하노이 탑 문제를 푸는 과정을 알고리즘으로 나타내보면 다음과 같다. 재귀적 구조를 지닌 알고리즘이다. 기둥 a에 있는 n개의 원반을 기둥 c를 보조 기둥으로 사용해 기둥 b로 옮긴다.

move(n, a, b, c):

    if (n > 0)

        move(n-1, a, c, b) ❶

        a에 있는 원반을 b로 옮긴다 ❷

        move(n-1, c, b, a) ❸

앞의 알고리즘을 해석해보자.

i) 일단 가장 아래 원반을 제외한 나머지 n-1개의 원반을 기둥 c로 옮긴다(❶). 이 결과 a에는 원반 1개가 남는다.

ii) a에 남은 (유일한) 원반을 b로 옮긴다(❷).

iii) c로 옮겨둔 n-1개의 원반을 b로 옮긴다(❸).

여기서 ❶이나 ❸은 대부분 여러 원반을 옮기는 것이니 원반은 하나씩 옮긴다는 규칙에 따라 한 번에 옮길 수 없다. n-1개의 원반을 옮기는 ❶과 ❸ 부분은 주어진 n개짜리 하노이 탑 문제와 성격은 똑같지만 크기가 하나 작은 문제다. 이 둘 사이에 크기 1인 하노이 탑 문제가 하나(❷) 끼어 있다. 알고리즘을 보면 move(n, …)이 move(n-1, …)을 호출하고 있다.

즉 n개짜리 하노이 탑 문제는 n-1개짜리 하노이 탑 문제 2개를 포함하고 있다. n-1개짜리 하노이 탑 문제는 다시 n-2개짜리 하노이 탑 문제 2개를 포함한다. 재귀적 구조다.

피보나치수열: 재귀가 적절하지 않을 때

피보나치수열은 아래와 같이 자기 앞의 두 수를 더하는 작업을 반복하는 것이다.

1, 1, 2, 3, 5, 8, 13, 21, 34, 55, 89, 144, ⋯

n번째 피보나치 수는 n-1번째 피보나치 수와 n-2번째 피보나치 수를 더해서 구한다. 첫 2개는 1이다. 즉 아래와 같이 표현할 수 있다.

$$f_n = f_{n-1} + f_{n-2}, \qquad f_1 = f_2 = 1$$

즉 n번째 피보나치 수 문제는 n-1번째 피보나치 수 문제와 n-2번째 피보나치 수 문제를 포함하고 있다. 이를 알고리즘으로 표현하면 아래와 같다.

```
fib(n):
    if (n=1 or n=2)
        return 1
    else
        return fib(n-1) + fib(n-2)
```

이 알고리즘은 어마어마한 중복 호출을 포함한다. 즉 한 번 계산해놓은 문제를 나중에 또 호출하고, 또 호출하기를 반복한다. 그 정도가 상상을 초월한다. 다음 그림은 일곱 번

째 피보나치 수를 구하는 과정의 함수 호출 모양이다. fib(4)
는 3번 호출되고, fib(3)은 5번 호출된다. 문제가 커지면 이
중복의 정도는 어마어마하다.

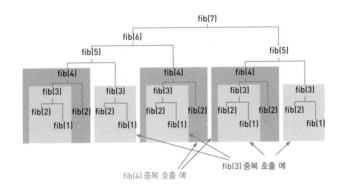

fib(4) 중복 호출 예
fib(3) 중복 호출 예

필자의 데스크톱 PC에서 소요되는 시간을 보자. fib(50)은
36초 걸린다. fib(66)은 하루 정도 걸린다. 더 큰 경우는 직접
재어보기는 힘든데 다행히 재귀 호출의 규칙을 살피면 정
확한 추산이 가능하다. fib(100)은 무려 3만 5,000년 걸린다.
fib(136)은 1조 년을 초과한다. 재귀적 구조를 지닌 문제를
재귀 알고리즘으로 기술하면 자연스럽고 쉽지만 이 문제처
럼 같은 문제를 중복 호출하게 되어 치명적으로 시간을 소
모하는 예도 있다.

이것은 재귀 호출을 사용하지 않는 아래 알고리즘으로 구

현하면 fib(100)을 수행하는 데 0.01초도 걸리지 않는다.

fib(n):

    f(1)=f(2)=1

    for i=3 to n

        f(i)=f(i-1)+f(i-2)

    return f(n)

재귀는 아주 편리하고 우아한 논리적 구조지만, 이처럼 잘못 쓰면 치명적일 수도 있다.

동적 프로그래밍dynamic programming이라는 기법이 있다. 이 기법은 위와 같이 재귀적 구조를 지닌 문제를 자연스럽게 재귀 알고리즘으로 옮겼을 때 이런 중복 호출로 인한 치명적 문제를 해결하는 방법을 총칭한다. 아주 다양한 환경에서 출현하고 정보올림피아드의 단골 출제 주제이기도 하다. 필자의 표현력으로는 난이도를 조절하기 버거워 여기서는 더 깊이 들어가지 않는다.

재귀는 문제를 간명하게 보도록 해준다

앞에서 예를 든 피보나치수열은 재귀를 잘못 쓰면 치명

적인 경우다. 이런 예도 있지만 많은 경우에 재귀를 잘 쓰면 약이 된다. 정렬, 탐색, 경로 찾기, 집합 처리, 패턴 매칭, 색인, 신경망 등 주제를 가리지 않고 재귀의 좋은 예가 출현한다. 문제의 해법을 재귀적으로 모델링하면 해법이 단순해진다. 즉 세상이 간명해진다.

재귀는 다양한 문제 해결 과정에서 다양한 얼굴로 나타난다. 재귀가 드러나는 알고리즘도 있고, 명시적으로 드러나지 않아도 재귀적 특성을 띠는 경우도 많다. 재귀의 다양한 얼굴을 정복했다면 여러분은 이미 알고리즘의 전문가다.

이런 식으로 문제가 자신과 성격이 똑같지만 자기보다 작은 문제를 하나 또는 여럿 포함하고 있는 경우는 흔하다. 수학적귀납법, 프랙털 등도 재귀가 다른 모습으로 나타나는 것이다. 전형적인 대학 알고리즘 과목에서 배우는 알고리즘 중 40%는 재귀 알고리즘이고, 재귀적 성격을 포함하고 있는 것이 또 40%나 된다. 즉 80% 정도가 재귀와 관계 있다.

재귀의 핵심은 '내 안에 존재하는 작은 나'를 찾는 것이다. 같은 문제를 두고도 나를 보는 관점을 달리할 수 있다. 그때마다 내 안에 존재하는 작은 나의 모습은 달라진다. 이런 점에서 재귀는 주관적이다.

반면 어떤 문제에 대해 사람들이 포착하는 관점이 일치하는 경우도 흔하다. 이 점에서 재귀는 사람들에게 동일한 특성을 포착하는 객관성이 있다는 것을 보여주는 예이기도 하다. 앞에서 예를 든 정렬 작업도 나를 보는 관점에 따라 다양한 버전이 존재한다.

문제 해결 알고리즘을 찾는 과정에서 재귀적 구조를 발견함으로써 간명하고 우아한 해법을 얻는 경우가 많다. 이 작업의 핵심은 문제를 보는 하나의 관점을 착상하고 이 관점과 일치하는 작은 문제를 찾는 것이다. 이것을 제대로 하지 못하면 일을 필요 이상으로 복잡하게 만들고 온갖 쓸데없는 경우의 수를 따지게 된다. 즉 세상이 복잡해진다.

더 알아보기: 쥘리아 프랙털

재귀와 관련 있는 흥미로운 주제를 하나 소개한다. 다음 그림은 쥘리아 프랙털Julia fractal의 한 예다. 이런 아름다운 그림도 아주 단순한 반복을 거듭하는 재귀 알고리즘으로 그릴 수 있다.

쥘리아 프랙털은 아래 수열의 값을 그린 것이다.

$$z_{n+1} = z_n^2 + c$$

수열 z_i는 복소수 수열이다. 복소수를 모르는 사람은 그
냥 재귀 알고리즘으로 이런 그림을 그릴 수도 있다는 사
실만 받아들이고 넘어가자. 복소수 $a+bi$는 실수부 a와
허수부 bi로 이루어지며, 이때 a와 b는 실수, i는 허수다.
실수 a, b를 x값과 y값처럼 취급하면 2차원에 표시할 수
있다.

위 쥘리아 프랙털은 복소수 수열의 x값과 y값으로 좌표
를 찍은 것이다. 몇 가지 전제가 있지만 여기서는 재귀적
원리로 만들어진다는 것만 강조하고자 한다. 이를 그리는

알고리즘은 아래와 같이 만들 수 있다.

fractal(n):

   if (n=1)

         복소수 c를 그린다(좌표 x, y를 점 찍는다)

         return c

   else

         $z = \text{fractal}(n-1)^2 + c$

         z를 그린다(점 찍는다)

         return z

3
알고리즘과 인색함에 대해

편식은 미각이 인색한 것이다. 편집증은 취향이 인색한 것이다. 미각이 인색한 사람이 새롭고 다양한 시도를 해서 좋은 요리사가 되기는 어렵다.

옷 한두 벌을 돌려 입고 좀처럼 새로운 패션을 시도하지 않는 것도 인색함과 통한다. 좀 어색한 옷도 참고 두어 번 입다 보면 눈에 익숙해지고 의외로 괜찮은 경우가 많다. 이런 일이 반복되면 새로운 시도에 대해 유연해지고 눈이 트인다. 패션에 관심이 생기면 자신에 대한 관찰의 관점이 더해지고 건강한 상태에 대한 감각이 강해진다.

먹어본 적 없는 음식을 먹어보는 것이나, 해보지 않던 짓을 해보는 것이나, 입어보지 않던 스타일의 옷을 입어보는 것이나 유사한 점이 있다. 그런 시도를 통해 외연과 시야가 확장된다. 취향의 인색함은 천성의 영향도 있겠지만, 지식이나 독서의 부족, 좁은 시야와도 상관이 있다. 무지함과도 통한다. 무관심하던 분야도 요령 있는 강연을 들으면 대개 재미를 느낀다. 취향이 고정된 본성은 아니기 때문이다. 그런 의미에서 각 분야의 입문 교양서를 읽는 것은 도움이 된다.

알고리즘에서도 인색함이 개입된다. 우선 눈앞의 이익만 좇아 선택해나가는 알고리즘이 있는데 이런 알고리즘을 통틀어 인색한 알고리즘, 영어로 그리디 알고리즘greedy algorithm이라 한다. 선택의 인색함을 추구하는 알고리즘들이다. 눈앞의 이익만 좇는 사람은 당장은 이익을 취하지만 오랜 시간이 지나면 대개 좋은 결과를 얻기 힘들다. 알고리즘도 마찬가지다. 눈앞의 이익을 우선으로 좇는 인색한 알고리즘은 대개 좋은 결과를 얻지 못한다.

그런데 이런 인색한 선택으로도 드물게 최고의 해답을 찾는 경우가 있다. 예를 들어 내비게이션에서 최단 경로를 찾는 문제는 그리디 알고리즘이 최적의 해답을 보장할 수 있다. 시중의 내비게이션이 좋은 길을 찾지 못하는 이유는 계산에 필요한 시간보다 더 짧은 시간 안에 경로를 제시해야 하기 때문이다. 이럴 때는 얼마나 순식간에 쓸 만한 해답을 제시하는지가 관건이 된다. 유정이나 가스관 배치 문제, 자원 배분 문제, 공정 최적화 문제 중 일부도 그리디 알고리즘으로 최적의 해답을 찾을 수 있다.

인색함과 관련된 수학적 공간을 전문적으로 연구하는 분야도 있다. 매트로이드matroid라는 수학적 공간에서의 특정 최적화 문제는 항상 그리디 알고리즘으로 최적해를 보장한다. 한국인 최초의 필즈상 수상자 허준이 교수가 사용한 주 도구도 매트로이드다(다만 허준이 교수는 다른 문맥에서 사용했다). 세상이 단순하면 인색함은 유리한 구석이 있다. 알고리즘도 탐험하는 공간이 단순하면 인색한 스타일의 탐색도 쓸 만하다. 그렇지만 복잡한 공간을 지닌 문제에서 인색한 알고리즘이 만족스러운 해답을 보장하는 경우는 드물다.

알고리즘도 취향이 있다. 알고리즘은 문제의 공간을 여행하는 교통수단이다. 공간을 탐험하면서 한 스타일만 고집하는 알고리즘은 대개 결과가 좋지 않다. 어려운 문제에 대해서는 다양한 스타일의 탐색을 조합해 공간을 여행하는 알고리즘이 대개 좋은 결과를 낸다. 문제 해결이란 알고리즘의 다양한 취향을 배우는 과정이기도 하다.

취향의 인색함, 알고리즘의 인색함, 문제 해결 과정에서 다양한 질문을 던지지 못하는 것이 다 은유적으로 관계가 있다.

라마르크와 볼드윈, 바로 가기와 에둘러 가기

진화에도 눈앞의 이익을 좇는 방식과 그렇지 않은 방식이 있다. 진화론을 두고 가장 중요한 한 사람을 꼽는다면 단연 영국의 찰스 다윈이지만 역사적으로 빼놓을 수 없는 두 사람이 있다. 프랑스의 장바티스트 라마르크Jean-Baptiste Lamarck와 미국의 제임스 볼드윈James Baldwin이다. 라마르크는 개체가 태어난 뒤 노력해서 얻은 능력이 유전된다고 주장했고, 볼드윈은 노력해서 얻은 능력은 유전되지 않고 개체가 어떤 능력을 얻을 수 있는 가능성이 유전된다고 주장했다.

라마르크 방식은 직접적인 진화이고 눈앞의 이익에 민감한 진화다. 반면 볼드윈 방식은 간접적 진화. 어떤 목적함수 값을 최대화하는 문제 풀이에 비유한다면 라마르크 방식은 목적함수를 직접 공략하는 방식이고, 볼드윈 방식은 목적함수 주변을 에둘러 공략하는 방식이다. 후에 라마르크

설은 폐기됐고 볼드윈설은 정설이 됐다.

필자는 오래전 유전 알고리즘으로 라마르크 방식과 볼드윈 방식을 실험해봤다. 난도 높은 문제로 실험해보면 거의 예외 없이 같은 결론이 나온다. 당혹스럽게도 유전학에서는 정설이 된 볼드윈 방식보다 폐기된 라마르크 방식이 훨씬 효율적이다. 왜 자연은 더 효율적인 라마르크 방식의 진화를 택하지 않고 볼드윈 방식을 택했을까?

더 알아보기: 유전 알고리즘

유전 알고리즘은 집단유전학의 진화 원리를 문제 해결 과정에 차용하는 기법이다. 인공지능, 최적화, 알고리즘 분야에 공통적으로 속한다. 유전 알고리즘에서는 문제의 해답 후보들을 생명체의 DNA처럼 표현해서 진화 프로세스를 가동한다. 우연성을 바탕으로 자연을 프로그램하면 그다음부터는 자연이 스스로 발견해나가는 방식이다.

유전 알고리즘이 작동하는 모습을 관찰하면 자연의 진화에 대한 통찰력이 생긴다. 슬프게도 우리 인간들이 고고한 목적을 갖고 진화하지 않았다는 사실을 감지할 수 있다.

우리가 푸는 문제는 대개 한번 시작하면 목적함수가 변하지 않는다. 알고리즘은 단일 목적함수에 최대한 잘 맞춘 풀이를 찾으면 된다. 라마르크 방식이 잘 작동할 환경이다. 반면 자연에서는 환경이 변한다. 즉 목적함수가 변한다. 지나치게 하나의 목적함수에 적응한 개체는 환경이 급변하면 멸종할 가능성이 높다. 반면 속도를 한 단계 낮춘 간접 진화 방식의 개체는 환경이 급변할 때 타격을 덜 받는다.

진화 초기에는 라마르크형과 볼드윈형 생물군이 병존했을 것이다. 그리고 오랜 경쟁의 결과 볼드윈형 생물군의 압승으로 끝났을 것이다. 지금도 하등 생물 중에는 생존 과정에서 DNA가 변하고 그것이 유전되는 라마르크형 생물이 있다.

이 결과는 이렇게도 정리할 수 있다. "현상에 대한 즉각적인 대응보다 메커니즘에 대한 대응이 장기적으로 더 경쟁력이 있다." 효율성을 희생하면서 범용성을 높인 셈이다. 비슷한 은유는 도처에 존재한다. 고기를 잡아주느냐, 고기 잡는 법을 가르쳐주느냐. 단기 실적에 집중할 것인가, 실적을 쌓을 수 있는 프로세스에 집중할 것인가. 똑같지는 않지만, 전자들은 라마르크스럽고 후자들은 볼드윈스럽다.

자연과 인간 사회(경제, 정치)를 단일 목적함수로 튜닝하는 것이 위험한 이유는 목적함수가 고정적이지 않기 때문이다. 임기가 불과 몇 년밖에 되지 않는 기업의 CEO는 장기적인 기업의 체질보다 자신의 임기 중에 거둘 실적이 중요한 목적함수다. 정치 공학의 주목적함수는 눈앞의 득표수다. 그래서 선거 민주주의는 자극적인 방향으로 편향될 수밖에 없다. 국민의 대표는 국민 수준의 중앙값을 대표한다. 민주주의는 정치적 성향이 인색함을 벗어나기 힘든 구조적 결함을 지니고 있다.

4
진화하는 유전 알고리즘

존 홀랜드John Holland는 진화의 원리를 문제 해결에 차용하는 유전 알고리즘의 아버지다. 미국 최초로 (사실상) 컴퓨터과학 부문 박사 학위를 취득했다.

1929년 미국 인디애나주에서 태어난 홀랜드는 오펜하이머와 노이만이 이끌던 맨해튼 프로젝트(미국의 원자폭탄 제조 프로젝트)의 지적 무게가 미국의 과학계를 지배하던 시기에 MIT 물리학과에 입학했다. 재학 중 IBM에 스카우트되어 최초의 상업용 컴퓨터 논리를 설계하기 위해 7인으로 구성된 팀에 들어가는 행운을 잡았다. 후일 인공지능이란 용어를 만드는 천재 존 매카시도 이 팀의 여름 인턴사원으로 참여했다. 이후 홀랜드는 미시간대학교에서 박사 학위를 받고, 같은 대학교의 교수가 된다.

홀랜드의 지도 교수 아서 버크스는 현대 컴퓨터 구조의 아버지 존 폰 노이만이 죽은 후 자기 복제하는 셀룰러 오토마타cellular automata에 관한 노이만의 논문을 정리해 편집한 사람이다. 그는 노이만과 자주 접하면서 그의 기술적 계승자가 됐다. 존 홀랜드는 다시 그런 아서 버크스를 이어 컴퓨터과학의 황금 계보를 이룬다.

그렇지만 홀랜드의 유전 알고리즘이 속한 진화 컴퓨팅은 1960~1970년대에는 다소 모호한 경향으로 컴퓨터과학 분야에서 따돌림을 받았다. 자신의 연구 결과를 대외적으로 전파하는 데 별 관심이 없는 성격이었던 홀랜드의 그룹은 20년 이상이나 음지에서 놀랍도록 끈기 있는 연구를 지속했다.

1985년에야 유전 알고리즘을 주제로 한 첫 학술 대회가 열렸고, 1990년대에는 유전 알고리즘이라는 주제가 본격적으로 대중성을 띠기 시작했다. 아주 늦게 꽃핀 이 분야의 창시자인 존 홀랜드가 사실상 미국 최초의 컴퓨터과학 분야 박사 학위 취득자라는 사실은 거의 알려져 있지 않다.

유전 알고리즘이란 무엇인가?

우리가 일차방정식을 푸는 것은 단 하나의 해를 찾는 작업이다. 이차방정식을 푸는 것은 최대 2개까지의 해를 찾는 작업이다. 이런 작업에서는 몇 개 되지 않는 해를 찾는다. 한편 문제에 수없이 많은 해가 있고 이들 중 가장 품질이 좋은 해를 찾아내는 문제도 있다. 최적화 문제다. 많은 경우 확신 있게 찾아내는 것이 불가능하다. 이럴 때 유전 알고리즘이 유용하다.

모든 생물체는 각자의 유전정보를 지니고 있다. A, C, T, G 4개의 염기가 연속적으로 연결된 띠를 이루고, 각 생물체의 품질은 이 띠의 내용(유전정보)에 크게 영향받는다. 이러한 유전정보를 지닌 띠를 염색체, 즉 크로모좀chromosome이라고 한다.

설명하기 쉽게 어떤 크로모좀이 단 10개의 염기로 이루어진다고 하자. 4개의 염기 A, C, T, G를 4진법의 0, 1, 2, 3으로 대응시키면 이 크로모좀은 10자리의 4진수가 된다. 존재할 수 있는 10자리의 4진수의 총 개수는 4^{10}개다. 유전 알고리즘에서는 문제의 한 해가 하나의 크로모좀에 대응한다. 품질이 가장 좋은 크로모좀을 찾는 것이 목표다. 위의 예라면 4^{10}개의 해 중 가장 매력적인 해를 찾는 것이다.

인간의 크로모좀은 23개의 그룹으로 구성된다. 총 30억 개 정도의 염기로 이루어진 띠다. 이들이 만들 수 있는 총 가짓수는 $4^{3,000,000,000}$가지다. 참고로 전 우주에 있는 원자의 총 개수는 10^{80}개 정도로 추정되니 이것이 얼마나 큰 수인지 짐작할 수 있겠다. 염색체들은 서로 교차(자르고 섞기)하며 끊임없이 새로운 해답을 만들어낸다. 우리 인간들은 이런 과정에서 만들어진 각각의 해다.

인간 유전자는 엄청나게 길며 복잡도가 상상을 초월하는 최적해 찾기 문제가 된다. 어떤 문제가 주어지면 유전 알고리즘은 우선 해답을 크로모좀으로 표현하는 방법을 찾는다. 일단 표현이 되면 임의로 일정 수, 예를 들면 500개의 크로모좀을 생성한다. 이들은 임의로 만들어지므로 매우 매력이 떨어지는 해답들이 될 것이다.

이 500개의 크로모좀에서 교차와 변이를 통해 새로운 크로모좀을 만들어낸 다음 기존 크로모좀을 대체해간다. 매력도 높은 크로모좀은 그렇지 않은 것들에 비해 교차에 참여할 기회를 많이 갖는다. 이는 우수한 개체가 자손을 많이 남기는 자연 진화의 원리와 비슷하다. 추가로 약간의 변이(돌

연변이)를 일으킨다.

이러한 간단한 과정의 반복을 통해 크로모좀의 집합은 계속 평균적 매력이 높아지면서 점점 서로 비슷해지는 경향을 보인다. 어느 정도 시간이 흐르면 더 이상 개선하기 힘든 상태가 되는데 그쯤에서 가장 매력적인 크로모좀을 해답으로 제시하게 된다.

스티븐 레비는 자신의 책《인공생명》에서 유전 알고리즘을 이렇게 비유적으로 표현했다. "우연성을 바탕으로 그 속에 자연을 프로그램하라! 그다음부터는 자연이 모든 것을 알아서 해줄 것이다."

요즘은 챗GPT 같은 생성형 인공지능이 프로그램도 만든다(프로그래밍을 최적화 문제로 접근한 구글 딥마인드의 알파코드를 제외하고는 수준이 그리 높지 않다). 진화 컴퓨팅 분야에서도 프로그램을 최적화 문제로 모델링해 푸는 접근법이 있는데 이를 유전 프로그래밍이라 한다.

1980년대 후반에 명명된 이 접근법은 LISP(존 매카시가 1950년대에 만든 컴퓨터 언어) 프로그램을 자동으로 만들어주는 것이다. LISP 프로그램과 대응되는 S-표현이라는 특수한 형태의 해를 만든다. 이를 위해 해를 자르고 섞는 방법이 다를 뿐 나머지는 유전 알고리즘과 대동소이하다.

유전 프로그래밍을 주도한 존 코자도 홀랜드의 제자다. 코자는 유전 프로그래밍을 이용해 게임 전략을 발견했고 로봇의 효율적 동선을 발견하기도 했으며 케플러의 제3법칙을 재발견하기도 했다. 지금 기준으로는 장난감 수준이지만 당시의 기술 수준으로는 꽤 인상적인 결과였다.

데카르트-뉴턴 이후 기계론적 과학관이 세계를 지배했다. 초기 조건에 의해 결과가 결정되는 결정론적인 시각이 주였다. 이 기조를 깬 것은 19세기 후반 다윈의 진화적 세계관이다. 세상은 결정론적이 아니고 확률적, 진화적으로 움직인다는 생각이다. 유전 알고리즘은 이런 방식을 문제 해결에 도입한 기법이다.

유전 알고리즘이 태동하기 몇 년 전 한편에서는 퍼셉트론이 태동하고 있었다. 퍼셉트론은 나중에 인공신경망, 즉 뉴럴넷이 된다. 유전 알고리즘과 뉴럴넷은 작동 메커니즘으로 창발성emergent property을 포함한다. 하위 구조의 결합으로 만들어지는 상위 구조에서 하위 구조로는 아무리 노력해도 설명할 수 없는 구조가 나타나는 현상을 말한다. 이것은 복잡계 시스템, 복잡성 과학의 대표적 성질 중 하나다.

록펠러대학교의 전 이론물리학 교수이자 저명한 과학 평론가 하인즈 페이겔스는 복잡성 과학에 통달한 국가가 다음 세기의 경제적, 정치적, 문화적 초강국이 될 것이라고 단언했다. 미국은 다시 한번 이 새로운 시기의 독보적 국가로 달려나가고 있다. 다행히 우리도 차이는 나지만 몇 손가락 안에는 드는 추격 국가에 속한다.

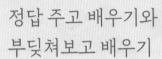

5
정답 주고 배우기와
부딪쳐보고 배우기

컴퓨터에 학습을 시키는 것을 기계학습이라 한다. 요즘 각광받는 챗GPT, 알파고, 알파폴드, 소라 등의 산출물이 모두 기계학습의 결과물이다. 기계학습은 여러 방법으로 나눌 수 있으나 가장 대표적인 2가지 학습 방법이 있다. '정답 주고 배우기'와 '부딪쳐보고 배우기'다.

어린이들이 얼굴을 알아보는 것은 정답을 여러 번 본 결과다. 집에 있는 물건을 구분하는 것도 정답을 보고 배운 결과다. 반면 두발자전거를 타는 것은 부딪쳐서 시행착오를 겪은 끝에 배운 결과다. 구구단은 정답을 주고 배운 결과이고, 어려운 수학 문제를 푸는 것은 대개 부딪쳐서 배운 결과다. 축구, 야구, 농구 등의 운동과 사람 사귀기 같은 것 또한 대개 부딪쳐서 시행착오를 거듭하며 배운다.

기계학습에서도 인간의 이런 2가지 학습 형태를 흉내 낸다. 정답 주고 배우기는 지도학습supervised learning이라 한다. 대표적인 것이 이미지 인식이다. 필기체 숫자 인식이나 동물, 자동차 등을 인식하는 것은 지도학습의 결과다.

부딪쳐보고 배우기는 강화학습reinforcement learning이라 한다. 게임을 하거나 바둑을 두는 인공지능은 부딪쳐보고 고쳐가면서 배운다. 어려운 문제에서 가장 좋은 해(답)를 찾는 인공지능도 대개 강화학습을 한다. 딥마인드에서 개발한 바둑 인공지능 알파고와 스타크래프트 인공지능 알파스타 등이 좋은 예다.

알파고의 강화학습을 살펴보자. 경기 중반쯤에 다음 수를 결정하는 과정을 보자. 신경망에 현재 상태를 입력하고 다음 착점 후보를 찾는다. 바둑돌이 놓이지 않은 모든 위치에 대해 다음 수로서의 매력이 수치로 나온다. 가장 단순한 알고리즘이라면 이 수가 가장 높은 위치를 다음 착점으로 결정할 것이다. 그런데 이런 방식으로 두어보면 결과가 형편없다. 이 방식을 취한다면 절대 수준 높은 시스템이 될 수 없다.

대신 다음 착점으로서의 매력 수치가 높은 몇 개의 후보 착점을 고른다. 각각의 위치에 돌을 놓았다 가정하고 그다음 위치로 상대방 선수에게 매력적인 후보 착점 몇 개를 본다. 상대의 착점 각각에 대해 나의 다음 착점으로 가장 매력적인 후보들을 본다. 이런 식으로 번갈아 가면서 나와 상대의 착점을 진행해본다.

이와 같은 진행을 어디까지 어떤 방식으로 할 것인지에 관한 알고리즘은 많이 알려져 있다. 다음 착점 후보로 몇 개를 볼 것인가? 항상 같은 수의 후보를 볼 것인가? 착점 경로의 매력에 따라 다른 수의 후보를 볼 것인가? 이런 것에 따라 다양한 알고리즘이 존재한다.

그런데 이런 식으로는 세련된 알고리즘을 적용한다 해도 끝까지 진행할 수 없다. 한 단계 앞을 볼 때마다 경우의 수가 기하급수적으로 증가하기 때문이다. 우리가 '영겁'이라고 하는 수준으로 커진다. 100수 정도 남은 상태에서 다음 착점 후보로 평균 3개씩만 본다 해도 태양이 다 타버릴 때까지 모두 볼 수 없다.

그래서 위와 같은 과정을 진행하다가 적당한 시점에 중단하고 거기서부터는 그냥 '대충' 죽 두어본다. 대충 두어보는 방법으로는 알려진 알고리즘 중 간단하고 빠른 것을 쓰기도 하고, 자신이 다음 수를 결정하기 위해 만든 신경망을 쓰기도 한다. 대신 각 지점에서 여러 번 끝까지 가본다. 예를들면 1만 번 가본 다음 6,500판을 이기고 3,500판을 진다면 이 경로의 승률은 65%라고 판단한다. 이런 여러 경로 중 승률이 가장 높은 경로의 첫 번째 착점을 다음 수로 고른다.

이세돌과 대국할 때 알파고는 다음 수 하나를 결정하는데 1분까지 쓸 수 있었다. 요즘의 바둑 인공지능은 훨씬 빨라졌고 실력도 훨씬 좋아졌다.

이세돌과 바둑을 둘 때 알파고는 우리나라의 바둑 사이트인 타이젬에서 16만 판의 프로 및 아마추어 고수의 기보를 가져가 훈련에 사용했다. 한 판이 보통 200수를 넘어가니 3,200만 수 정도를 학습한 것이다. 이 부분은 지도학습이고, '끝까지 두어보기'는 강화학습이다.

현재 세계 최고 수준의 바둑 인공지능은 모두 다음 착점의 매력 수치를 결정하기 위해 인간의 기보를 전혀 주지 않고 훈련시킨 신경망을 사용한다. 전체 구조가 강화학습이다. 현재 이 인공지능의 수준은 세계 최고의 프로기사보다 2~3단 정도 높아 보인다.

요즘은 바둑 문화가 바뀌어 프로기사의 대국을 중계할 때 해설자가 인공지능 바둑 프로그램을 틀어놓고 인공지능이 알려주는 각 선수의 승률과 예상 집 차이를 화면에 띄워놓고 해설한다. 옛날에는 챔피언전에서 어려운 수를 두면 해설자가 어떤 의미인지 몰라 쩔쩔맬 때가 많았는데 요즘은 인공지능 추천 수를 맞혔으면 정수라 하고 그렇지 않으면 실수라 한다. 해설하기가 편해졌다.

스타크래프트를 하는 인공지능 알파스타는 정답 없이 부딪쳐보고 실력을 키워간다. 강화학습이다. 단백질 3차원 구조를 예측하는 알파폴드는 정답을 보고 훈련하면서 가보고 고치기도 반복한다. 지도학습과 강화학습의 요소가 섞여 있다. 우리의 성장 과정은 일부 보고 배우기를 빼고는 온통 부딪쳐보고 배우기, 즉 강화학습으로 가득하다. 강화학습의 시행착오 방법(가보고 고치기 방법)을 결정하는 부분에도 알고리즘 기술이 깊이 관여되어 있다.

6

인공지능을 지배할
트랜스포머 어텐션

'트랜스포머 어텐션'은 컴퓨터를 전공하지 않는 사람에게는 좀 생소한 용어다. 2017년 처음 출현한 지 고작 7년밖에 안 되었지만 단시간에 인공지능 분야를 뒤집어놓았다.

트랜스포머 어텐션은 자연어 서비스의 혁명을 부른 챗GPT, 제미나이, 라마의 기반 기술이고 그림 그려주는 달리, 영상을 만들어주는 소라의 기반 기술이다. 천년의 도전이라던 단백질 3차원 구조 예측을 거의 정복하다시피 한 알파폴드-2의 기반 기술이기도 하다.

2017년 이후 나온 인공지능 분야의 거의 모든 역사적 산출물이 트랜스포머 어텐션에 기반하고 있다. 향후 상당 기간 인공지능과 문제 해결 분야를 이끌 핵심 기술이고 앞으로 점점 더 그 비중이 커질 운명이어서 이 용어를 자주 듣게 될 것이다. 쉽게 설명하기가 좀 어렵지만 워낙 중요해서 소개하고자 한다.

트랜스포머 어텐션이란?

2017년 구글브레인에서 '어텐션이 전부다Attention is All You Need'라는 도발적인 제목의 논문을 발표했다. 이 논문은 즉각적으로 센세이션을 일으켰다. 언어 번역이나 인공지능의 대화 수준이 단번에 몇 단계 올라갔다. 이를 바탕으로 5년 만에 챗GPT 서비스가 시작됐고 잘 알려진 바와 같이 난리가 났다. 어텐션attention은 다른 대상의 주목을 끄는 것을 말하는데, 주목을 끈다는 것은 서로 관계가 깊다는 것이다.

트랜스포머 어텐션에서는 먼저 대상들의 표현이 얼마나 서로 비슷한지 측정한다. 주변에 있는 대상들과 자신이 유사한 정도에 따라 표현을 바꾸어간다. 이 '바꾸는 것'이 바로 트랜스포머transformer, 즉 변환기라는 이름이 붙은 이유다. 트랜스포머 어텐션이란 어텐션(상관성)을 통해 입출력 대상의 표현을 변환transform해가는 장치다. 이 과정에서 아주 많은 어텐션 계산이 이루어진다.

더 알아보기: 모든 개념은 상대적이다

위치와 개념은 모두 다른 대상들과의 관계에 의해 상대적으로 정의된다. 다른 대상 없이 정할 수 있는 절대 위치는 없다. 하등 생물의 생존에 가장 중요한 것은 먹이의 위치와 자신에게 위협이 되는 포식자의 위치를 감지하는 것이다. 이 위치는 자신과의 상대적 위치로 파악한다. 조금 더 발전하면 주변 지형지물과의 상대적 위치로 파악한다.

다른 대상이나 개념을 전혀 포함하지 않고 어떤 개념을 정의할 수 없다. 사전에서 다른 용어 없이 어떤 용어를 정의할 수 없다. 수학에서 다른 개념 없이 어떤 개념을 정의할 수 없고, 수학의 정리를 만들 수 없다. 수학, 과학뿐 아니라 문학, 예술도 마찬가지다. 다른 얼굴을 하고 있을 뿐이지 핵심에는 모두 관계라는 공통적 요소가 있다.

고객 데이터로 고객이 가장 좋아할 만한 상품이나 캠페인을 예측한다거나, 주식의 내일을 예측하는 과정도 핵심은 데이터 간의 관계를 발견하고 잘 이용하는 것이다. 인공지능의 대표가 된 딥러닝(큰 인공신경망을 통해 학습하는 것)도 데이터 간의 관계를 암묵적으로 잘 반영하는 것이 중요하다. 이미지의 내용을 알아채고, 문장을 이해하고 만들어내고, 노래를 만들어내고, 단백질의 구조를 알아내는 작업이 모두 데이터 간의 관계를 얼마나 고급스러운 수준으로 반영하느냐에 달려 있다. 관계는 모두 '상대적' 관계다.

트랜스포머 어텐션은 이 관계 추구의 정점이다.

단어 100개를 컴퓨터가 구분할 수 있게 표현하려 한다고 하자. 가장 간단한 방법은 1부터 100까지 정수 각각에 단어를 하나씩 대응시키는 것이다. 각 단어는 1부터 100까지 번호를 갖게 된다. 이 번호로는 단어 사이의 관계가 잘 반영되기 힘들다.

"'소'가 50번 단어라면 '송아지'는 소와 관계가 깊으니 50번과 가까운 번호인 51번쯤이면 좋겠다. '학교'는 20번이라 하자. 학교와 관계 깊은 '교실'은 21번, '공부'는 22번이라 하자.

'스포츠'는 90번이라 하자. 스포츠에 속하는 '축구'는 91번, 야구는 92번이라 하자. 스포츠는 '경쟁'과 관계가 깊으니 경쟁은 87번쯤이면 괜찮아 보인다. 그런데 학교도 경쟁과 관계가 깊으니 17번쯤이면 좋을 텐데 그러면 스포츠

와는 거리가 멀어진다…' 이렇게 번호와 단어를 하나씩 대응시키면 단어 간의 다양한 관계를 반영할 수 없다.

각 단어를 2개의 수로 나타내면 단어 간의 관계를 조금 더 잘 반영할 수 있다. 그렇지만 100개 단어 간 관계를 고루 반영하기는 턱없이 부족하다. 2개의 수 대신 10개의 수로 한 단어를 표현하면 더 낫고 1,000개의 수로 한 단어를 표현하면 훨씬 낫다.

2017년에 트랜스포머 어텐션을 발표할 때는 영어와 독어 번역을 위해 영어, 독어 단어 3만 7,000개를 각각 512개의 실수로 표현했다(사실 이런 기본 요소를 '토큰'이라 하는데 단어 또는 단어의 부분이 된다. 여기서는 그냥 단어라 생각하는 것이 좋겠다). 예를 들면 (0.12, 2.9, 0.88, 1.05, …)와 같은 모양으로 한 단어를 표현했다. 나중에는 2,048개의 실수를 사용하기도 했다.

512개의 수로 한 단어를 표현한다는 것은 512차원 좌표계의 한 점으로 단어를 표현하는 것이다. 512차원 벡터라고도 한다. 각 단어가 512개의 특성으로 나뉘었다고 볼 수 있다. 예를 들면 품사, 색깔, 크기, 동물인가, 식물인가, 학문인가… 이런 것이 특성이 될 수 있다. 이런 직관적 특성은 이해를 돕는다. 하지만 512개 벡터의 각 수는 대부분 이런 특성을 명시적으로 나타내는 것은 아니다. 우리가 이해할 수 없는 추상적 특성에 가깝다.

과거에는 인간의 생각에 따라 미리 정한 특성의 조합으로 단어를 분류하려는 노력도 있었다. 요즘은 인간의 지식으로 단어의 특성 집합을 정하는 방식은 구식이고 좋은 결과를 내지 못한다.

추상적 공간에서의 특성이 어떻게 관계해서 좋은 결과를 내도록 하는지는 거의 규명되어 있지 않다. 딥 네트워크의 작동 메커니즘을 이해하기 위해 '설명 가능한 인공지능'이 새로운 연구 분야로 떠올랐지만 아직 극히 초보 단계다.

표현은 학습된다

단어가 총 5만 개 있고, 512차원 벡터로 각 단어를 표현한다고 하자. 각 단어에 대응되는 512개의 수는 어떻게 정하는가? 트랜스포머 어텐션은 궁극적으로 관계가 가까운 단어는 더 비슷하고 관계가 먼 단어는 더 다르게 표현하는 시스템을 만드는 것이다.

실제로 트랜스포머 어텐션에서 처리의 기본단위인 토큰은 온전한 단어 하나, 단어의 일부, 또는 특수 기호가 되기도 한다. 토큰 개념을 드러내면 설명이 지저분해질 수 있어 여기서는 토큰이 단어라 간주한다(핵심을 이해하는 데는 이렇게 하는 편이 더 좋다).

일단 모든 5만 단어의 표현(벡터)을 저장하는 테이블(도표)을 준비한다. 어떤 단어가 나오면 이 테이블에서 해당 단어를 표현하는 512개의 수를 가져다 사용한다. 다른 단어와의 관계가 잘 반영된 테이블이라야 좋은 결과를 낼 수 있다. 이 테이블의 내용은 '학습'된다. 예를 들어 수억 개의 문장으로부터 학습된다.

처음에는 각 단어에 아무렇게나 512개의 수를 할당한다. 의미 없는 수의 나열이다. 즉 단어 간의 관계가 전혀 반영되어 있지 않다. 문장으로 학습하는 과정에서 각 단어를 표현하는 512개의 수는 변한다. 관계가 깊은 단어들은 점점 비슷해진다.

다음 그림은 필자의 연구실에서 몇몇 단어가 트랜스포머 학습의 결과 아무렇게나 표현된 상태에서 관계 깊은 단어들이 비슷한 표현으로 변해가는 예를 관찰한 것이다. 실제로는 2차원이 아니지만 이해를 돕기 위한 그림임을 감안하자.

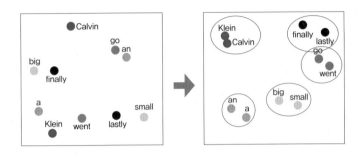

'Calvin'과 'Klein'은 주로 붙어 나오니 자연스럽게 비슷하다. 'go'와 'went'는 같은 문장에서 출현하기는 힘들지만 출현하는 문맥이 비슷하다. 'a'와 'an'은 바로 뒤에 셀 수 있는 명사가 온다는 공통점이 있는데 이 관계도 깊게 반영된다. 처음에 필자는 'big'과 'small'은 반대어이니 아주 먼 표현을 지닐 것이라고 생각했는데 관찰 결과 매우 가까운 표현을 지녔다. 이내 이해가 됐다. 크기의 방향만 다를 뿐이지 이들은 여러 속성을 공유하기 때문에 아주 비슷한 표현을 지니는 것이 맞는 듯하다.

번역의 예를 통해 트랜스포머 어텐션의 작동을 보자. 개념이 조금 더 손에 잡히는 느낌이 들 것이다. 자연어 문장을 만들어가는 과정으로 표현, 추상화, 변환을 설명한 것이다.

'I went to an Italian restaurant in the evening'이란 영

어 문장을 '나는 저녁에 이탤리언 식당에 갔다'로 번역한다. 'I went to an Italian restaurant in the evening'이 입력으로 들어온다. 이로부터 출력으로 한국어 토큰 하나씩을 내뱉는다. 즉 '나는' '저녁에' '이탤리언' '식당에' '갔다'를 차례로 출력한다. 마지막에 마침표도 찍어야 하고 한글 단어가 2개로 잘리거나 '저녁'과 '에'처럼 조사와 분리되는 수도 있지만 여기서는 편의상 간명하게 묶었다.

먼저 'I went to an Italian restaurant in the evening'의 각 단어가 512차원 벡터로 들어오고 이를 꽤 복잡한 상관관계 계산과 추상화를 통해 새로운 512차원 벡터로 만든다. 이 단계를 인코딩 단계라 한다. 인코딩 단계가 끝나면 입력 문장의 단어 벡터들은 출력 문장을 내는 동안 고정된다.

다음은 출력 문장을 만들어내는 과정이다. 앞에서 한글 단어를 하나씩 출력한다고 했다. 중간의 한 시점을 예로 보자. '나는 저녁에 이탤리언'까지 출력한 상태에서 다음 단어인 '식당에'를 출력하는 원리를 보자.

이미 출력된 부분 문장의 단어들 '나는' '저녁에' '이탤리언'을 사용해 앞의 인코딩 단계에서 영어 단어끼리 행했던 것과 똑같은 작업을 한글 단어끼리 행한다. 즉 출력 단어의 벡터 변환을 한다. 그런 다음 이들(나는, 저녁에, 이탤리언)과 입력 문장(I, went, to, an, Italian, restaurant, in, the, evening)의 단어쌍 간의 상관관계(상관성)를 계산해 출력 단어(나는, 저녁에, 이탤리언)의 벡터 내용을 추가로 변환시킨다. 이렇게 변환시킨 단어 벡터로부터 다시 상관성을 계산해 출력 테이블에 있는 출력 단어 중 가장 확률적 관계가 깊은 단어('식당에')를 다음 단어로 내뱉는다.

이 상관성 계산과 변환 과정에서 끊임없는 '추상화'가 일어난다.

추상화

두 단어의 상관성은 그들의 표현이 비슷할수록 커진다. 상관성 계산은 간단하다. 다만, 두 단어의 표현을 있는 그대로 사용해 상관성을 계산하지 않는다. 먼저 각 단어의 표현에 행렬을 곱해 표현을 변환시킨 다음 계산한다. 처음 접하는 사람들은 이것을 잘 이해하지 못한다. 그냥 있는 그대로 상관성을 계산하면 될 것을 왜 행렬을 곱해 전혀 다른 표현으로 만들어놓고 계산하는지 이상하게 여긴다.

행렬을 곱해 표현을 바꾸는 것은 수학적으로는 공간 변환에 해당한다. 벡터의 각 원소는 하나씩의 특성이라 했다. 행렬 곱셈으로 벡터가 바뀌면 각 원소가 다른 관점의 특성을 지닌다. 즉 더 추상화된다. 추상화는 중요한 것만 간추리는 것이란 의미도 있는데, 간추린 것의 수가 많아지면 더 다양한 관점을 제공한다. 이 과정에서 새로운 (암묵적) 관계가 드러날 수 있는 여지를 제공한다.

트랜스포머 어텐션은 온통 추상화투성이다. 상관성 계산 직전에도 추상화하고, 이를 통해 단어의 표현을 바꾼 후에도 다시 추상화한다. 그러고는 추가로 512차원 벡터를 2048차원 벡터로 추상화하고, 이 2048차원 벡터를 다시 512차원 벡터로 추상화한다. 이 과정을 통해 512차원 표현은 다른 관점의 512차원 표현으로 바뀐다.

이 추상화를 얼마나 잘하느냐가 해의 품질에 영향을 미친다. 추상화 행렬은 훈련을 통해 학습된다. 행렬이 학습된다는 것은 해의 품질이 좋아지는 방향으로 행렬의 원소를 바꾸어나가는 것이다. 즉 가능하면 품질 좋은 출력을 내도록 훈련된다.

상관성을 계산하는 작업이나 마지막에 지금까지의 문맥에 가장 잘 어울리는 단어를 계산하는 작업 직전에 이런 행렬곱을 통해 추상화된 공간에서 해를 판단하게 된다. 이 공간의 각 차원이 어떤 특성과 관계있는지는 알아내는 것은 거의 불가능하다. 인간이 이해할 수 없는 추상적 특성이라 대부분은 깊이 살펴도 이해할 수 없다.

추상화는 트랜스포머 어텐션이 시작한 것은 아니고 일찍이 모든 인공신경망에 공통된 것이다. 다만 추상화의 차원이 옛날에 비해 엄청나게 커졌다. 훈련의 기본단위는 파라미터라 하는데 대부분 뉴런을 연결하는 가중치, 즉 행렬의 원소다. 신경망의 복잡도는 파라미터 수로 표현된다. 파라미터의 대부분을 차지하는 것이 행렬원소다. 자연어 처리 시스템에서는 단어의 표현 테이블의 원소도 파라미터다.

챗GPT의 원형이 된 GPT-3.5는 무려 1,750억 개의 파라미터를 사용했다. 즉 1,750억 개의 매개변수 값을 훈련시켰다. 요즘은 파라미터가 1조 개가 넘는 경우도 있다. GPU를 병렬 계산에 사용하면서 과거에는 불가능했던 수준의 훈련이 가능해졌다. 덕분에 10년 전만 해도 GPU를 생산하는 조그만 반도체 회사이던 엔비디아가 세계 최고의 반도체 회사가 됐다.

데이터를 투사하는 트랜스포머

내 그림자는 나의 3차원 형상이 빛에 의해 2차원 지면에 투사된 것이다. 이것도 공간 변환의 예다. 우리 뇌에서 일어나는 현상에 대한 해석도 마찬가지다. 우리 눈앞에는 다양한 현상이 나타난다. 우리는 그 현상이 궁극적 진실이라고 생각하지만 모두 우리 머릿속의 뉴런을 통해 해석된 것이다. 해석이란 정도의 문제일 뿐 실체를 왜곡한 것이고, 변환한 것이다. 이런 것도 일종의 공간 변환이다.

우리 뇌는 이런 공간 변환 과정을 통해 사물을 해석하고 사고를 전개한다. 대상 간의 상관성도 뉴런 집단의 연결성(세부 사항은 아직 모른다)을 바탕으로 한 정보 흐름에 의해 도출된다. 우리가 생각하는 눈앞에 펼쳐진 요소 간의 상관관계는 심층적 관계의 그림자일 뿐이고 주관적인 것이다.

트랜스포머 어텐션도 끊임없는 공간의 변환, 끊임없는 상관성의 계산을 통해 입력 데이터의 차원을 우리가 원하는 출력 데이터의 차원으로 투사하는 시스템이라 할 수 있다. 그런 과정을 통해 자연어 문장을 만들어내고, 그림을 그려주고, 노래를 만들고, 최적화 문제의 해를 도출한다.

선택이 아닌 필수가 된 트랜스포머 어텐션

10년 전에 딥러닝이란 용어를 아는 사람은 거의 없었다. 심지어 컴퓨터 전공자 중에서도 아는 사람이 드물었다. 지금 딥러닝은 상식어이자 인공지능 연구에서 반드시 필요한 요소가 됐다. 트랜스포머 어텐션도 그것이 만들어내는 산출물은 모르는 사람이 없다. 하지만 그런 실로 다양한 분야의 인상적인 산출물의 기반 기술이 트랜스포머 어텐션이라는 사실은 대부분이 모른다.

그러나 조만간 딥러닝처럼 트랜스포머 어텐션을 모르는 사람이 드물어질 것이다. 트랜스포머 어텐션은 대체 기술이 나올 때까지 당분간 인공지능을 지배할 것이다.

알고리즘을 배울 때의 장점 중 하나는 생각의 수준이 높아진다는 것이다. 필자가 가끔 초중고 학생들을 대상으로 강의를 할 때 학생들에게 이렇게 물어본다.

"생각의 수준이 높다는 것은 어떤 것일까요?"

다들 대개 생각해보지 않은 질문이라는 표정을 짓는다. 조금 기다리면 나름의 대답들을 낸다. 가장 흔한 대답은 '많은 것을 아는 것'이다. '어려운 문제도 잘 푸는 것' '남들이 안하는 생각을 하는 것' '어휘를 많이 아는 것' 등의 대답도 기억난다. 모두 나름대로 맞는 부분이 있기는 하지만 필자가 생각하는 핵심은 아니다.

생각의 수준이 높다는 것은 대상들 간의 '관계'를 다른 사람들보다 깊게 파악하고, '추상화' 수준이 높다는 것이다. 관계 감지 능력이 뛰어난 사고를 은유적 사고라 한다. 생각의 블록들이 여러 단계를 거쳐 올라가면 추상화 레벨이 높아진다. 은유적 사고능력과 추상화 능력은 생각의 구조를 결정한다. 각자 사고의 수준이 다르다. 어떤 이는 초가집 수준의 구조를 갖추고, 어떤 이는 초현대적 고층 빌딩 수준의 구조를 갖추고 있을 수 있다.

수학에서 수준 높은 은유적, 추상적 사고가 가능하면 남들이 온갖 경우의 수를 따져가며 끙끙거리는 문제를 몇 개의 정리로 간명하게 파악할 수 있다. 컴퓨터 프로그램도 다른 프로그램이 보지 못하는 대상들 간의 복잡한 관계를 감지할수록 프로젝트에서 좋은 결과를 낸다.

첨단 기법을 공부한다는 것은 이런 은유적, 추상적 관계를 스스로, 또는 기술적 도구를 통하여 더 깊이 간파하는 것이다. 요즘 한창 인기를 끌고 있는 챗GPT나 제미나이 같은 대화형 언어 모델에서도 질문의 수준을 높이면 대답 수준이 크게 향상된다.

학생으로서 생각의 수준을 높이려면 어떻게 해야 할까? 우선 생각을 많이 해야 한다. 생각을 많이 하다 보면 의문이

많아진다. 의문이라는 것은 하나의 관점이다. 한 주제에 대해 여러 가지 생각을 하고 의문을 던지고 대답을 얻는 과정에서 필요한 지식이 보충되고 현상을 보는 관점이 다양해진다. 다양해진 관점은 대개 은유적 상상력을 강화한다.

그렇다고 지식을 쌓지 않고 생각만 해도 생각의 수준이 높아진다는 것은 아니다. 낮은 수준의 지식이나 도구는 다음 단계의 지식을 쌓기 위해 꼭 필요하다. 높은 수준에 이르기 위해서는 고통스러운 기초 확립의 과정을 거쳐야 한다. 힘든 상황을 견뎌낸 경험은 미래에 어려움이 닥쳐도 이겨낼 힘을 준다. 난관에 부딪혀 힘들 때 높은 수준을 위한 기초를 쌓아가는 과정이라고 생각하면 견디기가 더 수월할 것이다.

알고리즘은 머릿속의 건축 구조를 고도화하는 좋은 수단이다. 그래서 알고리즘 자체를 배우는 것도 중요하지만 그 과정에 깃든 생각하는 방식을 배우는 것이 더 중요하다. 생각하는 방법을 배우는 것은 미래에 맞닥뜨릴 문제를 미리 해결해두는 것이기도 하다.

나의 머릿속의 건축 구조는 초가집과 초현대적 건물 사이 어디쯤 있을까 생각해보자. 그리고 그 구조를 좀 더 정교하게 만들기 위해 알고리즘을 공부해보자. 지식과 함께 생각하는 방식을 익히기를 반복하다 보면 앞으로의 사회가 원하는 인재에 점점 더 가까워질 것이다.